GÜTERSLOHER
VERLAGSHAUS

Gütersloher Verlagshaus. Dem Leben vertrauen

Heiderose Gärtner

# Menschen im Alter verstehen und begleiten

Gütersloher Verlagshaus

Bibliografische Information Der Deutschen Bibliothek
Die Deutsche Bibliothek verzeichnet diese Publikation in der Deutschen Nationalbibliografie; detaillierte bibliografische Daten sind im Internet über http://dnb.ddb.de abrufbar.

1. Auflage


Umschlaggestaltung: Init GmbH, Bielefeld
Umschlagmotiv: © Ronnie Kaufmann / CORBIS
Satz: Katja Rediske, Landesbergen
Druck und Einband: Grafo S. A., Basauri
Printed in Spain
ISBN-13: 3-978-579-03190-3
ISBN-10: 3-579-03190-2

www.gtvh.de

# Inhalt

*»Das Alter ist wie ein Balkon,*
*von dem man*
*weiter und genauer sieht.«*

(MARIE LUISE KASCHNITZ)

# EINFÜHRUNG

Jeder Mensch altert anders und jeder hat das Recht auf seine Art des Umgangs mit dem eigenen Alter. Menschen, die ihr Altern annehmen, sind zufriedener und glücklich. In diesem Buch geht es darum, Menschen, die alt werden, zu verstehen und zu begleiten. Ihnen soll Hilfe zur Annahme und Bewältigung des Alters und der sich daraus ergebenden Schwierigkeiten geboten werden.

Alte Menschen verstehen bedeutet sich dem eigenen Alter, dem eigenen Alt-Werden zu stellen. Das ist eine große Herauforderung! Es ist aber auch eine bereichernde und schöne Aufgabe. Wer das in besonderer Weise und als Erstes machen will, kann das Kapitel vier lesen.

Kapitel zwei erläutert zusammenfassend unsere derzeitige Erkenntnis über die Altersentwicklung und -einschätzung, ohne dabei Anspruch auf Vollständigkeit zu erheben. Das Grundsatzkapitel drei zeigt die Einstellungen und Umgangsmöglichkeiten zum Alter auf.

Antworten und praktische Beispiele für das Verstehen der Sorgen älterer Menschen bietet das Kapitel fünf. Es greift vor allem seelsorgliche Aspekte auf. Spezielle, aber häufige Probleme beim Alt-Werden kommen in Kapitel sechs zu Wort.

»Das tut man doch in meinem Alter nicht mehr«, dieser Haltung zum Beispiel, die aus diesem Satz spricht, gilt es entgegenzutreten, es gibt keine vorgefertigte Alternsschablone. Gott hat jeden Menschen individuell geschaffen, dies hat gerade auch im Alter Geltung. Denn: »Und wenn sie auch alt werden, werden sie dennoch blühen, fruchtbar und frisch sein« (Ps 92,15), deshalb darf auch im Alter die Fülle der noch vorhandenen Lebensmöglichkeiten ausgekostet werden.

Den Alterungsprozessen, wie immer sie auch aussehen mögen, kann sich niemand entziehen außer durch Tod. Alt zu werden bedeutet:

- Sich mit den körperlichen und psychischen Veränderungen auseinander zu setzen. Das Aussehen, der Gesundheitszustand verändert sich. Die körperliche Leistungsfähigkeit kann nachlassen. Eventuell nehmen Vergesslichkeit und verminderte Reaktionsfähigkeit zu.
- Sich mit der Veränderung der Sozialkontakte zu befassen. Die eigene Familie ist eine andere geworden, von vielleicht vielen sind jetzt nur noch zwei oder einer übrig. Die aus dem Beruf gezogene Anerkennung, der damit verbundene Status und die Gemeinschaft mit den Kollegen entfallen. Neue Rollen können aber als Großeltern und im Ehrenamtsbereich gefunden werden.
- Sich den materiellen Veränderungen zu stellen: weniger Geld, finanzielle Belastung durch Heimaufenthalt, etc.
- Sich mit dem herrschenden Altersbild auseinander zu setzen. Erfahrungen des Ausgegliedert-Werdens wollen verarbeitet sein. Unbewusste Leitbilder haben ihre negative Wirkung.
- Sich der Bewältigung der Alltagssituationen zu stellen. Ein neuer Umgang mit Zeit will erlernt sein. Der Umgang mit Behörden oder mit neuen Technologien wird bewältigt werden müssen.
- Sich der eigenen Endlichkeit zu stellen. Wie sieht der Lebensrückblick aus? Ist Versöhnung mit der eigenen Geschichte möglich? Kann ich die zunehmende Abhängigkeit ertragen? Wie sehen meine Hoffnungen und Wünsche aus – wird ein Sterben in Würde möglich sein?

Diese Aspekte greift das Buch auf und gibt Anregung und Hilfestellung.

*»Das Alter ist wie ein Balkon, von dem man weiter und genauer sieht.«* Bis der Satz von Marie Luise Kaschnitz Wirklichkeit wird, wird sich noch vieles in unserer Gesellschaft verändern müssen – allem voran unsere eigene Haltung zum Altern!

Ludwigshafen, im Januar 2006 *Heiderose Gärtner*

# *Was alle wissen und keiner glaubt!*

## 1. Grundsätzliches

### Demographische Entwicklung und interdisziplinäre Interpretationsansätze

Das Altern des Menschen ist in den letzten 30 Jahren verstärkt zum Forschungsgegenstand geworden. Inzwischen ist die Fülle theoretischen und praktischen Materials kaum noch zu überblicken. Einige ausgewählte Anmerkungen über Prognosen und Interpretationen zum Altern dienen dem Überblick.

Glaubt man den Berechnungen der Demographen, wird es im Deutschland des Jahres 2050 etwa 30 Millionen weniger Deutsche geben als heute. Ganze 51 Millionen, statt der heute 83 Millionen Bürger, soll unsere Republik dann noch zählen. Etwa 29,3 %, also knapp ein Drittel der Bevölkerung, werden 2040 über 65 Jahre alt sein. Das errechnete Durchschnittsalter liegt dann für Deutschland bei über 50 Jahren.

Wissenschaftler haben verschiedene Theorien zum Alter: Alter sei ein genetisches Programm, sagen die einen, andere halten das Alter für eine Folge von Verschleißerscheinungen, die sich im Lauf eines Lebens häufen. Sicher ist: Wir werden alle immer älter – die Lebenserwartung der Menschen ist in den vergangenen anderthalb Jahrhunderten enorm gestiegen.1840 hatten schwedische Frauen die höchste Lebenserwartung: Das waren im Durchschnitt 45 Jahre. Heute sind Japanerinnen die Spitzenreiterinnen, was die Lebenserwartung angeht: Ihre Lebenserwartung beträgt 85,3 Jahre. Das ist eine Erhöhung um 40 Lebensjahre innerhalb der letzten 160 Jahre.

Seit den ersten Messungen ist die höchste Lebenserwartung kontinuierlich um etwa 2,5 Jahre pro Jahrzehnt gestiegen – pro Jahr um drei Monate. In Deutschland liegt die durchschnittliche Lebenserwartung heute bei 81,2 Jahren für Frauen und bei 75,3 Jahren für Männer. Vor 100 Jahren sah das anders aus: Die damalige Generation der 1904 Geborenen hatte die beiden Weltkriege, die Hungerjahre danach und die Wirtschaftskrisen der 1920er Jahre noch vor sich. Die durchschnittliche Lebenserwartung dieser Generation lag nur etwa bei 46 Jahren. Für Säuglinge der Gegenwart haben die Demographen andere Zahlen errechnet: Danach hat etwa jedes zweite heute Neugeborene gute Chancen, einmal 100 Jahre alt zu werden. Ein Alter, das unseren Vorfahren wie die Unsterblichkeit vorgekommen sein dürfte: So schätzen Forscher heute, dass Menschen in der Steinzeit etwa 21 Jahre alt wurden. Als Gründe für den Anstieg der Lebenserwartung in der westlichen Welt seit der zweiten Hälfte des 19. Jahrhunderts sind die gestiegene Hygiene, die bessere Ernährung und die medizinische Versorgung zu nennen. Die Entwicklung weitet sich aus. Denn es ist Tatsache, dass die durchschnittliche Lebenserwartung der Menschen überall auf der Erde steigt.

## Soziologische Deutungen von Alter

Folgende Altersunterteilung muss heute kritisch überdacht werden. Man unterscheidet »junge Alte« zwischen 60 und 69 Jahren, »alte Menschen« zwischen 70 und 74 Jahren und »Hochbetagte« über 75 Jahre. Diese Festlegungen bedeuten keine starre Grenzziehung, z. B. kann das »junge Alter« auch vom 55. Lebensjahr an gerechnet werden. Ebenso sind immer mehr Menschen bis ins hohe Alter von z. B. 90 Jahren hinein in der Lage am gesellschaftlichen Leben teilzunehmen und sich selbst zu versorgen. Der Eintritt in die Lebensphase des jungen Alters öffnet das Tor zu mehreren Altersübergängen und -abschnitten. Alle folgenden Übergänge sind gleichsam kleinere Türen, die hinter dem großen Tor verborgen sind.

In der Bundesrepublik leben 6,7 Millionen Menschen im Alter zwischen 60 und 69 Jahren. Die Situation der Menschen, die sich zwischen dem 60. und 65. Lebensjahr befinden, ist von der Notwendigkeit gekennzeichnet, von Berufstätigkeit oder intensiver Familienarbeit Abschied zu nehmen. Dieser Lebensabschnitt kann als Krise mit extremen Auswirkungen erlebt werden. Um mit solcher Veränderung fertig zu werden, die etwa mit dem Verlust der Berufstätigkeit gegeben ist, muss an einem neuen Selbstverständnis gearbeitet werden. Während der Tätigkeit im Beruf ist es dem Menschen möglich, sich durch seine berufliche Position zu definieren. Sie schafft Anerkennung und Respekt in der Gemeinschaft. Diese für viele selbstverständliche Form der Eigendefinition fällt mit dem Eintritt in den Ruhestand weg.

Nicht selten kommt es außerdem zu Wohnorts- oder Wohnungswechseln. Wenn auch die Loslösung von den Kindern in der Regel zu diesem Zeitpunkt schon geschehen ist, so müssen doch vielfach fest gefügte Sozialstrukturen verlassen werden. Nicht selten nämlich ist der Verlust des Partners bereits eingetreten oder das Nachlassen der eigenen Gesundheit schafft neue Lebensbedingungen. Wobei die Unsicherheit jener Rahmenbedingungen, die das soziale Leben von Menschen bestimmen, mit zunehmendem Alter größer wird. Ein deutliches Nachlassen der Sinnorientierung ab dem 55. Lebensjahr hat außerdem E. Lukas festgestellt.[1] Dies kann Lebensunzufriedenheit und Frustration bewirken.

Entsprechend geht die oftmals negative Bewertung von Alter in unserer Gesellschaft einher mit verlustorientierten Theoriebildungen der Alterssoziologie, wie etwa der Disengagementtheorie, die davon ausgeht, dass mit zunehmendem Alter sich der Mensch auf sich selbst zurückziehen und auf den bevorstehenden Tod einstellen soll.

Diese negativ geprägte Sicht des Alterns führt in vielen Fällen zu einer Selbststigmatisierung, einem negativen Selbstbildnis alter Menschen. Das negative Bild von Altern in der Gesellschaft wird zum negativen Selbstbild des Alten, das wiederum beim Jüngeren dieses negative Bild produziert. Die Vorurteile alten Menschen gegenüber werden in der Regel umso größer, je größer die Distanz zwischen Beurteiler und Beurteiltem ist, wenn also sehr junge Menschen alte beurteilen.

Es kann schrittweise zur Herausbildung einer »Senilitätsspirale« kommen:

1. Die Bewertung hängt von zentralen Werten wie Jugendlichkeit ab, alt sein gilt damit als unvermeidbar.

1. E. Lukas, Zur Validierung der Logotherapie, in: V. Frankl, Der Wille zum Sinn, 3. erw. Aufl., Bern/Stuttgart/Wien 1982, 299.

2. Diese Werte hat sich jedes Gesellschaftsmitglied angeeignet, durch sie kommt es zu starren, negativen Stereotypisierungen gegenüber Älteren.
3. Eine einzelne biologische Rückbildung bei einem älteren Menschen wird generalisiert, das heißt auf seine gesamte Persönlichkeit übertragen: Man meint, der langsamer gehende Ältere würde auch langsamer denken.
4. Diese Etikettierung bestimmt Denken und Handeln gegenüber älteren Menschen; er übernimmt die an ihn herangetragenen Erwartungen – übernimmt er sie nämlich nicht, wird er negativ sanktioniert.
5. Die Erfahrungen älterer Menschen sind an dieser so einschränkend festgelegten Altersrolle orientiert, es entsteht die Altersidentität mit einem negativen Selbstbild, die negativen Erwartungen der Umwelt werden als gerechtfertigt angesehen.
6. Die Altersrolle mit ihren Einschränkungen gilt als festgeschrieben, jede weitere, davon abweichende positive Entwicklung erscheint als sinn- und zwecklos. Die Ausgrenzung älterer Menschen erscheint nach allen Seiten hin notwendig und sinnvoll.[2]

Die hier zum Ausdruck kommende spiralförmige Entwicklung der negativen Einschätzung vom Altern lässt einzelne Einschränkungen des alten Menschen zum Stigma der ganzen Person werden. Teileinbußen werden generalisiert. Allgemein ist ja das Ansehen »langlebiger Artikel« in unserer »Wegwerfgesellschaft« gering. Diese Einschätzung wird auch auf das Altern, auf alte Menschen übertragen. Schnelle Wandlungen in Wissenschaft und Bildung lassen ältere Menschen zudem auf einem veralteten Status ihrer Kenntnisse zurück, ihre Aufgabe innerhalb der Gesellschaft wird in Frage gestellt.

Jedoch widerspricht die persönliche Einschätzung der Fähigkeit im Alter vielfach der Einschätzung durch Jüngere. Von der Generation der 55- bis 70-Jährigen etwa wird berichtet, man könnte im Grunde »Bäume ausreißen«, ist aktiv und dem Leben zugewandt, macht den Jüngeren in manchen Dingen sogar etwas vor und wird dennoch (sofern noch erwerbstätig) im Berufsleben, aber auch in vielen Bereichen des sonstigen gesellschaftlichen Lebens zum »alten Eisen« gerechnet. Dem Trend einer bekannten Wetterprognose folgend, die von tatsächlicher und gefühlter Temperatur sprach, halte ich es für denkbar, das kalendarische und das »gefühlte« Alter zu unterscheiden. Die meisten Menschen fühlen sich jünger, als sie in Wirklichkeit bzw. nach Kalender sind.

2. K. Witterstätter, Soziologie für die Altenarbeit, 1995, 52.

Von daher ist zu folgern, dass diese Senilitätsspirale noch wirksam bleiben kann bei einer Altenbevölkerung, die sich gar nicht alt fühlt, lange gesund und fit bleibt, vielleicht über ausreichende Finanzmittel verfügt und mit Vitalität ihren Interessen nachgeht.

## Biologisch-medizinische Interpretationen von Alter

Nach den Befunden vieler neuerer Untersuchungen sind die Fähigkeiten älterer Menschen, *neue Kompetenzen* zu erwerben, größer, als auf Grund des allgemein verbreiteten Altersstereotyps oft erwartet wird.

Auch im biologisch-medizinischen Bereich zeichnen sich heute Veränderungen in der Bewertung von Alterungsprozessen ab. Die feststellbaren Veränderungen werden nicht mehr notwendigerweise als Abbauprozesse interpretiert. Es wird vielmehr die Frage gestellt, inwieweit bestimmte Veränderungsprozesse, die sich im Verlauf des Lebens einstellen, tatsächlich Reduktionsprozesse sind oder ob andere Deutungen möglich sind.

Der verstorbene Bonner Neurophysiologe Detlef Linke, der sich als Mitglied der Nationalen Akademie für Ethik und Medizin vor allem um die ethische Dimension der Medizin bemühte, plädierte für eine positive Interpretation der Veränderungen, die sich im Alter abzeichnen.

> »*Dennoch meinen wir, dass die biologischen Daten zum Alterungsprozess nicht negativ gewertet werden müssen, sondern durch Beziehung weiterer Perspektiven einen positiv ausgerichteten Vorgang erkennen lassen, den wir als* Fokussierung *bezeichnen möchten.*«
>
> »*Dies alles stellt einen positiven Vorgang im Sinne einer Fokussierung auf den wesentlichen Kern und die wichtigsten Aspekte einer Persönlichkeit dar. Das Vergessen stellt in diesem Sinne nicht per se eine negative Tätigkeit dar, sondern dient der Vereinheitlichung der Persönlichkeitsmerkmale.*«
>
> Aus: D. B. Linke, In Würde altern, Gütersloh 1991, S. 27, Hervorhebungen im Original.

Alterungsvorgänge werden demnach als Zuspitzung auf den Wesenskern verstanden. Es geht nun nicht mehr um die Abrufbarkeit einer Fülle von Fähigkeiten und Fertigkeiten, sondern um eine Bündelung der der Person eigen gewordenen Möglichkeiten, um die im guten Sinn mögliche Vereinheitlichung des Menschen, die sich dann auch in der spezifischen Hirnentwicklung im Alter zeigt.

Neurowissenschaftliche Erkenntnisse zeigen, dass Altern nicht automatisch mit dem Verlust von Gehirnzellen einhergeht. Die Menschen sind mit einem Überfluss an Verbindungsbahnen im Gehirn ausgestattet, der größte Verlust geschieht in der Regel schon vor der Geburt. Trotzdem bleibt ein Überangebot an Möglichkeiten. Die Verschaltungen im Gehirn allerdings haben direkt mit unserem Leben, unserer Lebensführung zu tun. Je mehr wir uns fordern und neuen Erfahrungen und Begegnungen mit Menschen aussetzen, je stärker werden diese.

Aus dem biologischen Forschungsbereich sei noch ein anderer Ansatz erwähnt. Er geht davon aus, dass die Menschheit im Gegensatz zu anderen Spezies die Fähigkeiten aus der Frühphase ihrer Entwicklungen im Kinder- und Jugendalter auch in späten Jahren beibehält, es wird vom Prozess der Neotenie gesprochen. Gemeint sind damit folgende Eigenschaften, die beim Menschen auch im Alter noch erhalten werden können: Wissbegier, Offenheit, Kreativität, Fantasie und Flexibilität. Aber auch physische Phänomene werden angeführt, so ähnelt der Schädel eines alten Menschen dem eines Kindes noch in starker Weise. Bei den Schimpansen z. B. ist dies nicht der Fall.[3] Nur durch die Neotenie, so meint A. Montagu, konnte die Menschheit überleben. Es ist heute also die Aufgabe der Menschen, »jung« alt zu werden, d. h. sich diese »kindlichen« Fähigkeiten zu erhalten. Für die Überlegungen zum Verstehen des Alters gibt dieser Ansatz neue Impulse. Es wird dann nicht nur um den Erwerb reifer Ziele im Alter gehen, sondern zumindest auch um Erhalt der in diesem Sinne verstandenen »Kindlichkeit«.

## Gerontologische Interpretationsansätze

Auf vielfältige Weise ist versucht worden, das Altern in psychologischer Hinsicht zu verstehen. Schon Anfang dieses Jahrhunderts wurde seine Erforschung zu einem Spezialgebiet der klinischen Psychologie. Erst in den 60er-Jahren aber formierte sich die Gerontologie zu einer eigenständigen Wissenschaft, die interdisziplinär arbeitet. Die wissenschaftliche Beschäftigung mit der Altersproblematik ist demnach relativ jungen Datums.

3. A. Montagu, Zum Kind reifen, Stuttgart 1984, 23-86.

Inzwischen sind unterschiedliche Theorien über das Alter aufgestellt worden, in denen man sich auch bemühte, eine Vielfalt von Kriterien für ein erfolgreiches Alter zu erarbeiten.

Die Diskussion ist von der Disengagementtheorie über die Aktivitätstheorie zur Kontinuitätstheorie fortgeschritten. Während es im ersten Modell noch darum ging, die individuellen und sozialen Einschränkungen, denen der alte Mensch unterworfen ist, hinzunehmen und sich also den entsprechenden Bereichen zu entziehen, weist die Aktivitätstheorie in die Richtung, durch Optimierung, Selektion und Kompensation Leistungsminimierungen zu überbrücken und somit einen Zugewinn an neuen Fähigkeiten entstehen zu lassen. Sie reagiert damit auf die vielfach geäußerte Kritik an der Disengagementtheorie, die unterschiedlichen Möglichkeiten, Alter zu leben und zu gestalten, nicht zu berücksichtigen. Das Alter eines Menschen ist nach dieser Theorie nicht unabhängig von seiner bisherigen Lebensgestaltung. Ebenso haben äußere Bedingungen, wie sozialer Status, Bildung etc., Einfluss auf die Fähigkeit, das Alter zu gestalten.

Die Aktivitätstheorie berücksichtigt diese Faktoren in besonderem Maße, wobei die Möglichkeit, Alter positiv zu gestalten, als Zugewinn an Kompetenz bestimmt wird, die spezifischen Herausforderungen im Alter zu bewältigen. Die individuelle Zufriedenheit zeigt sich darin, wie ich die Diskrepanz von Gewünschtem und im Leben tatsächlich Erreichtem in Einklang gebracht habe.

Die Kontinuitätstheorie nun sieht in der kontinuierlichen individuell geprägten Fortführung bestimmter Lebensweisen die Möglichkeit, Alter mit hoher Zufriedenheit zu erleben.

Als Phase eines lebenslangen Entwicklungsvorgangs betrachtet die Entwicklungspsychologie das Altern und legt eine andere Sicht auf das Alter als Lebensphase nahe, die nun nicht unter Erwartung eines generellen Abbauprozesses untersucht wird, sondern in Hinblick auf Chancen zu verschiedenartigen Entwicklungsprozessen gesehen wird. Das heißt: Bestimmte Einschränkungs- oder Rückgangsprozesse werden als Reifungsmöglichkeiten und Kompetenzerweiterungschancen verstanden.

Altern kann als ein intraindividueller Prozess von Veränderungen betrachtet werden. Veränderungen von Verhalten und Erleben im Alter können unterschiedlich wahrgenommen und interpretiert werden. Unterschiedliche Bilder von gelungenem Alter und verschiedene Erhebungskategorien erschweren jede Art der Kategorisierung und Theorienbildung zum Alter.

Altern kann als ein multidimensionaler, multidirektionaler und multikausaler Prozess verstanden werden. Alter kann sowohl von den Betroffenen als auch von den untersuchenden Gruppen unterschiedlich wahrgenommen werden. Die Bewertung von Alter und Altern bleibt ambivalent, wenn auch zunehmend festgestellt werden kann, dass die als negativ wahrgenommenen Aspekte von Altern positiv interpretiert und neue Lebens- und Handlungsmöglichkeiten entdeckt werden.

Beim Umgang mit den verschiedenen Theorien ist zu beachten, dass ihnen allen unterschiedliche Menschenbilder, beeinflusst durch die Strömungen der Zeit, zugrunde liegen. Damit unterliegen diese Theorien und Kategorisierungen der Gefahr, Menschen in ihrer Einmaligkeit und Individualität nicht gerecht zu werden. Sie können zu plakativen Modellen von menschlichem Verhalten werden, die die Gefahr in sich tragen, zu einer Festlegung und Stigmatisierung des Menschen zu führen. Auch dies kann Diskrepanzen zwischen dem real erlebten individuellen Verhalten des alten Menschen in unserer Gesellschaft und den Bildern und Einschätzungen seines Verhaltens durch die Gesellschaft mit sich bringen.

# *Auf die Einstellung kommt es an!*

## 2. Allgemeines zum Altern

### Einstellungen zum Altern

Jean Améry, Schriftsteller, 1912 in Wien geboren, starb 1978 durch Selbstmord. Er war während der Jahre 1943-45 im Konzentrationslager. Gnadenlos wird von Améry dem Verfall des Körpers ins Auge geblickt. Er schreibt über das Altern:

> *»Wir mögen dem Spiegel ausweichen. Wir können aber nicht verhindern, daß wir unsere Hände sehen, an denen die Adern hervortreten, unseren Bauch, der schlaff und faltig wird, unsere Füße, deren Zehennägel trotz aller Pedikeurskünste verdickt und rissig wurden. Wir können unserem Körper, wären wir selbst blind, nicht davonlaufen, können nicht aus der Haut fahren, wie wir das nur allzugerne möchten, wenn wir diese schilfrig sich schuppende Haut betasten. […] Er wird Hülle – das Wort von der »sterblichen Hülle« drängt wohl jedem Alternden sich auf, der seinem leiblichen Geschehen nachdenkt –, wird aber im gleichen Atemholen des Denkens äußerste menschliche Authentizität, denn am Ende ist es immer* er, *der recht behält.«*
>
> Jean Améry. Werke in neun Bänden. Hrsg. von Irene Heidelberger-Leonard. Band 3: Über das Altern. Revolte und Resignation / Hand an sich legen. Diskurs über den Freitod. Hrsg. von Monique Boussart. Klett-Cotta, Stuttgart 2002.

Wie der Mensch sein Altern betrachtet, darauf zugeht, bestimmt und prägt entscheidend seinen Umgang und sein Erleben des Alters. Forscher an der Universität North Carolina fanden heraus, dass negative Erwartungen bzw. Zuschreibungen die Gedächtnisleistungen alter Menschen deutlich verschlechtern. Bevor sie ihre Aufgaben vorgelegt bekamen, wurden die Älteren mit folgenden Aussagen konfrontiert: »Alte Menschen sind senil, durcheinander, vergesslich«. Die Ergebnisse waren schlecht. Wenn ihnen folgende Aussagen: »Alte Menschen sind aktiv, wach, würdevoll, erfolgreich, weise« vor der Bearbeitung der Fragen vorgelegt wurden, waren die Ergebnisse der Älteren wesentlich besser und fast genauso gut wie die von der jüngeren Vergleichsgruppe.[4] Es erscheint mir wichtig, Hilfen und Unterstützungen zu geben, um sich positiv auf das und im Alter einzurichten.

Altern ist ein multidimensionaler Prozess. Er ist vielfältig und individuell. Der Alterungsprozess hängt nur zum Teil von den Genen ab. Lebensführung und -einstellung können für ein gutes Altern entscheidend sein.

Altern wird von Dekkers als unbekanntes Land beschrieben, als neuer, spannender und reizvoller Lebensabschnitt:

> *»Menschen, die jung bleiben wollen, verlängern ihr Leben nicht, sie verkürzen es. Sie verpassen die zweite Hälfte ihrer Lebenstreppe. Weil das Panorama auf dem Weg nach oben so schön war, trauen sie sich nicht, während des Abstiegs nach unten zu schauen. Es ist, als wollte man nach der Pause nicht mehr in den Theatersaal zurück, weil man fürchtet, das Stück könne zu Ende gehen. Aber das Zu-Ende-Gehen ist nun einmal das Wesentliche an einem Theaterstück, Film oder Roman. Je schöner die Geschichte ist, umso mehr wünscht man sich, dass sie nie zu Ende geht, und umso schneller möchte man zugleich wissen, wie sie ausgeht. Wie kann einen etwas interessieren, wenn man nicht auf den Ausgang neugierig ist? Was ist spannender, als zu erfahren, wie es mit einem selbst weitergeht? Als Junge wollte ich immer wissen, wie es ist, ein Mädchen zu sein. Nicht aus Unzufriedenheit, sondern weil es schön ist, sich in jemand anderen hineinzuversetzen. Es musste bei dem Wunsch bleiben. Niemals werde ich am eigenen Leibe erfahren, wie es ist, eine Frau zu sein. Aber jemand anders kann ich dennoch werden. Ich kann ein alter Mann werden. Das scheint mir spannend, denn ein alter Mann bin ich noch nie gewesen.«*
>
> MIKKAS DEKKERS



4. Psychologie heute, Feb. 2005, 9.

## Alter und Gesundheit

Worüber reden alte Menschen: über Krankheiten. Das ist ein gängiges Vorurteil, das leider oft stimmt. Im Alter nimmt die Krankheitshäufigkeit zu. Deswegen sind einige grundsätzliche Worte zum Thema Krankheit notwendig. Die Betonung der Gesundheit ist ein neuzeitliches Phänomen. Sinnvolles Leben ist auch trotz oder angesichts von Krankheit möglich.

Krankheit scheint in unserer Gesellschaft ein reparierbares Übel geworden zu sein. Krankheit wird immer perfekter mit Medikamenten und Maschinen kuriert. Der Defekt muss beseitigt werden. Manche Menschen betrachten ihre Krankheit als Betriebsstörung. Sie muss möglichst rasch behoben werden, um die Genuss- und Erwerbsfähigkeit wieder herzustellen. Wenn ein Teil des Menschen krank ist, ist der ganze Mensch mehr oder weniger krank. Krankheit bedeutet: Im Leben eines Menschen ist Einhalt geboten – der normale Lebensvollzug ist ausgesetzt.

Wenn ein Mensch sich in seiner Ganzheit ernst nimmt, wird er nach dem Sinn der Krankheit fragen. Denn Krankheit ist ein Teil des Lebens. Wenn ich krank werde, erfahre ich meine Zerbrechlichkeit und meine Vergänglichkeit. Ich merke, dass Kranksein, dass Krankheit ein Teil von mir ist. Genauso wie Gesundsein. Das haben wir vielleicht durch den Fortschritt der Medizin oft vergessen. Der Mensch des Alten Testaments kannte diesen Zusammenhang noch, weil das hebräische Wort für Krankheit seine Wurzel mit dem Wort »Gewöhnlich« teilt. Also Krankheit war für den Menschen des Alten Testaments das Normale, das Gewöhnliche. Kranksein gehört zum Menschen. Deshalb kann es sinnvoll sein, das Gespräch mit der Krankheit zu suchen. Die Krankheit kann z. B. mitteilen, dass der Sinn des Lebens vorübergehend verloren gegangen ist oder dass ich mich in Alltäglichkeiten aufreibe oder dass ich die Dimension des Glaubens vernachlässigt habe. Durch den Dialog mit meiner Krankheit kann ich mich mit ihr aussöhnen und gleichzeitig mein Leben neu sehen lernen: als kostbares, einmaliges Geschenk.

Sehe ich meine Krankheit so an, kann ich sie annehmen und dem Sinn der Krankheit nachspüren und das Gespräch mit ihr eröffnen: Was sagt der Zeitpunkt des Krankwerdens aus? Wozu dient diese Krankheit? Habe ich einen Nutzen von ihr, brauche ich sie? Die Fragen sind ein Schritt in die Richtung, etwas von der Bedeutung der Krankheit für ihr Leben zu verstehen und sie mit ins Leben hineinzunehmen – denn da gehört sie hin.

Trotzdem ist auf Grund vieler Faktoren, auch wegen der Fortentwicklung der Altersmedizin, ein gutes und befriedigendes Leben im Alter möglich. Warum spielt Krankheit in den Köpfen alter Menschen eine so große Rolle? Einmal, weil sie ihren jetzigen körperlichen und geistigen Zustand an einem erinnerten und damit fiktiven Zustand des Gestern messen, in dem u. a. alles besser war und sie vieles mehr konnten. Es wird der Verlust gesehen und nicht der Zuwachs an Jahren. Zum anderen, weil viele alte Menschen eine Leere ausfüllen müssen, z. B. das Ende der Berufstätigkeit, das Verlassen des Hauses durch die Kinder. Die innere Leere wird mit Selbstbeobachtung und der Reflektion von Krankheiten ausgefüllt.

Was machen alte Menschen daraus, dass sie relativ gesund, evtl. aber gezeichnet von einigen Beschwerden und Krankheiten, sehr alt werden dürfen? Wozu nutzen sie die Gesundheit – um über Krankheiten zu reden? Die Frage, wie viel Gesundheit ein Mensch braucht, lässt sich dahingehend beantworten, was der Mensch mit seinem Leben anfangen, an welchen Zielen er sich orientieren, was er im Alter noch erreichen will. Je geringer die Ansprüche an das eigene Leben sind, desto stärker wird Gesundheit als Wohlbefinden definiert. Wenn ein Mensch Werte und Ziele in seinem alt gewordenen Leben erreichen will, desto stärker wird Gesundheit eine instrumentale Bedeutung erlagen, als Mittel zur Erreichung von Zwecken. Prinzipiell gibt es kein Recht auf Gesundheit, auch wenn das jahrelang in unserer Gesellschaft so erschien.

Gerade Menschen, die ihr Leben mit Krankheit oder Behinderung führen müssen, haben Strahlkraft auf andere. Woher kommt das – sie haben unter schwierigen Bedingungen ihr Leben führen müssen, ihnen ist Gesundheit nicht in die Wiege gelegt worden. Aber gerade dieser Umstand, dieser tägliche Kampf um Leben, hat sie gelehrt, das Leben zu lieben. Diese Menschen können uns Orientierung geben, unsere persönlichen Ressourcen spätestens im Alter zu entfalten. Gesundheit steht für den Willen zu leben, trotz gewisser Einbußen. Und Gesundheit steht für die Fähigkeit anzunehmen, was ich nicht ändern kann. Gesundheit kann als Ausdruck von Lebenskunst verstanden werden. Sie hilft dem Menschen, sich den Unmöglichkeiten dieser Welt zu stellen. So verstanden, brauchen wir viel Gesundheit für unser Leben. Es gibt Menschen, die mit den Schicksalsschlägen des Lebens klagend und hadernd umgehen, und es gibt Menschen, die aus allem, was ihnen begegnet, das Beste machen. Sie haben Talent zum Glücklichsein, sie besitzen seelische Widerstandskraft, sind resistent. Bis heute ist noch nicht erforscht, warum die einen positiv mit Leid und Erfahrung umgehen können und andere nicht. Es scheint aber so, dass bestimmte Faktoren nötig sind, um das Leben als Herausforderung sehen zu können (siehe Kap. 3).

*Fazit:* Die Überlegungen zur demographischen Altersentwicklung, zum gesellschaftlichen Ansehen von Altern und zur Frage nach der Gesundheit im Alter zeigen, dass Bewusstseins- und Präventionsarbeit nötig ist, um kommende Generationen auf gelingendes Altern vorzubereiten.

Wie gezeigt worden ist, birgt die Übernahme von Altersstereotypen die Gefahr, sich mit Bildern vom Alter zu identifizieren, die nicht die eigenen sind. Bei der heutigen Überbewertung des Jung-Seins hat der alternde Mensch eine neue Aufgabe, die es früher so nicht gab: Er steht vor der Aufgabe, sich ein neues »image« für das Alter zu schaffen, also eine Form des Alters zu leben, die überzeugt. Die Vorbedingung ist, dass man nicht der Überbewertung der Jugend verfällt und nur das Verlorene sieht, sondern dass man vorwärts blickt, um so dann die Chancen, die Werte des Alters zu finden.

Es scheint also bestimmte Mechanismen und Strategien zu geben, um alterstypischen Veränderungen begegnen zu können. Eine der wichtigsten Aufgaben ist die Anpassung des eigenen Lebens- und Selbstkonzepts an die altersgemäßen Herausforderungen und Gegebenheiten. Je älter man wird, umso mehr werden bisherige Werte, Ziele und Erwartungen an die eingeschränkten Möglichkeiten angepasst und der Schwerpunkt auf im Alter wichtige Entwicklungsaufgaben gelegt. Vor allem zwei Themen stehen aus psychologischer Sicht im Vordergrund. Zum einen gilt es, das gelebte Leben mit den ungelebten und nicht erreichten Wünschen und Zielen angesichts der eigenen Endlichkeit zu integrieren. Zum anderen ist die Weitergabe von Erfahrungen an die nachfolgenden Generationen eine wichtige Aufgabe. Deutlich wird hier, welche besondere Rolle dem Alter auf gesellschaftlicher Ebene zugeschrieben werden kann. Denn ein Mensch, der die alterstypischen Aufgaben annimmt und bewältigt, bringt Weisheit, Lebenserfahrung und Gelassenheit in die Gemeinschaft ein und lebt gelungenes Alter der kommenden Generation vor.

Es gilt, das Alter heute als eigenständige Lebens- und Entwicklungsphase zu begreifen und anzunehmen. Menschen, die 60 Jahre sind, haben eine Lebenserwartung von weiteren 30 Jahren und mehr, mit steigender Tendenz. Diese vielen Jahre gilt es sinnvoll zu füllen, auch wenn körperliche oder psychische Beeinträchtigungen die Wahrnehmung bestimmter Aufgaben erschweren können.

Die Entwicklungsziele im Alter sind individuell bestimmt und dienen der Persönlichkeitsreifung und -entfaltung. Die Frage aber danach, was ich noch in die Gesellschaft einzubringen habe und was ich einbringen will, sollte nicht vernachlässigt werden. Das eigene Leben sollte in einen Sinn stiftenden und motivierenden Lebensentwurf eingeordnet werden können.

Allerdings ist hier auch die Gesellschaft gefordert, das Potenzial des alten Menschen zu erkennen und Bilder vom Alter zu vermitteln, die förderlich sind und dem alten Menschen Raum für seine Sinnfindung lassen. Dieser gesellschaftliche Auftrag ist dabei grundsätzlich umfassend zu verstehen. Denn individuelle Verhaltensmuster und Lebensformen, die aus theologischer, psychologischer und sozialer Sicht als Grundlage einer optimalen Entwicklung begriffen werden, erwachsen aus gesellschaftlichen Strukturen und kulturellen Überzeugungen. Voraussetzung sind die entsprechende Handlungsbereitschaft und ein aktiver Beitrag zur eigenen Gesundheit auf Seiten der Älteren. Die erforderlichen Motivationen und notwendigen Kompetenzen zur Umsetzung bedürfen der Stärkung. Sie erfordern eine entsprechende Aufklärung und Bildung.

Von einem grundsätzlich positiv besetzten Bild vom Alter in unserer Gesellschaft sind wir noch weit entfernt. Denn ob es nun um die Vermeidung von Risikofaktoren, um die Steigerung von Reserven oder die Erlangung einer altersgemäßen Lebensperspektive geht, es ist immer ein Zusammenspiel von Mensch und Gesellschaft, wenn erreicht werden soll, was in Abwandlung der ehemaligen Definition der Weltgesundheitsorganisation Gesundheit ist: ein Zustand körperlicher, geistiger und sozialer Harmonie.

## Chancen des Alters

Der älter werdende Mensch hat auf folgende Veränderungen zu reagieren:

- Körperliche Veränderungen, wie schlechtes Sehen, Hören, Gehen
- Veränderte Sozialkontakte, Verlust der Berufskollegen, große Kinder
- Materielle Veränderungen, wie Rente, Versorgung der eigenen Eltern
- Gesellschaftliches Altersbild, negative Ansicht vom Altern
- Veränderte Alltagssituationen, Kinder sind aus dem Haus
- Konfrontation mit Endlichkeit und Tod.

Diese Veränderungen können als Entwicklungsaufgaben begriffen werden. Wie kann er dabei durch andere Menschen in Form von Begleitung oder Seelsorge unterstützt werden? Auf diese Frage soll im Folgenden eine Antwort geben werden.

Während des jungen Alters, nach Ende der Berufstätigkeit oder Familienphase, geht es vor allem um folgende Bereiche:

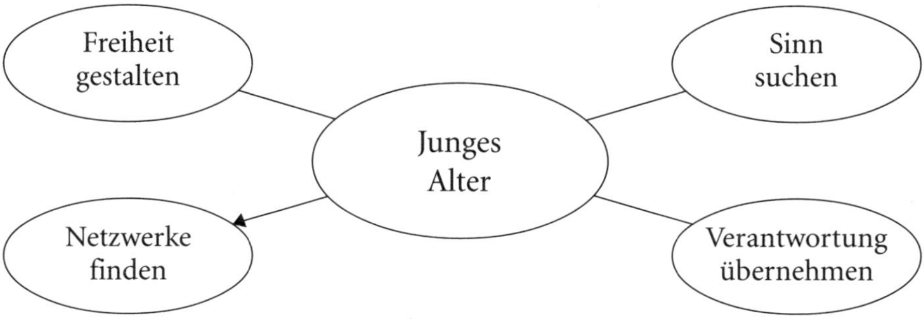


Während des späten Alters, ab ca. 75 Jahren (individuell sehr verschieden), stellen sich folgende Aufgaben:

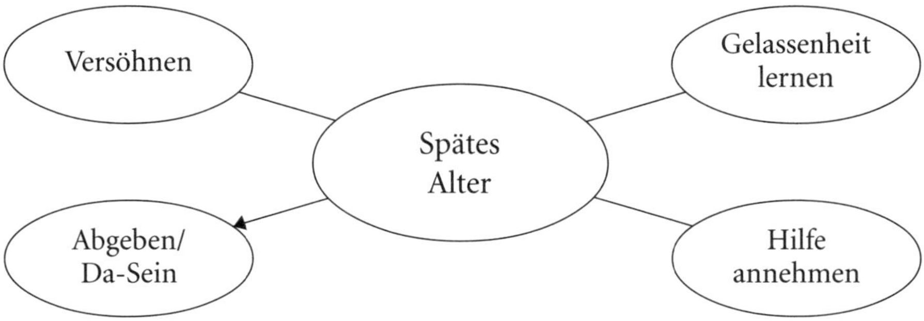


In den folgenden Kapiteln wird es darum gehen, wie ich mich persönlich den Herausforderungen des Alters stellen kann (siehe Kap. 3) und wie ich alte Menschen unterstützen und begleiten kann, um die Altersaufgaben zu bewältigen.

## Alter in der Bibel

Wie sieht die Bibel das Alter? Erkenntnisse aus biblischer Sichtweise des Alters bilden die Grundlage für die weiteren Überlegungen in diesem Buch.

Mindestens drei Lebensphasen werden im Alten Testament allgemein unterschieden: Kinder, ausgewachsene junge Männer bzw. erwachsene Mädchen und reife ältere Männer und Frauen. Im Jeremia-Buch (51,22) wird eine Dreiteilung des Erwachsenendaseins vorgenommen, Alte und Junge und Jünglinge und Jungfrauen. Von fünf Altersstufen ist in Jer 6,11 die Rede: Kleinkind, Jugendlicher, Mann und Frau, alter Mann und Hochbetagte. Bereits hier wird die Gruppe der Ältesten also nochmals unterteilt.

Ein interessanter Einblick in die Bewertung der Altersstufen bietet Lev 27,1-8. Hier ist vom Geldwert, der die Arbeitskraft eines Menschen entspricht, die Rede. Ein Mann von 20 bis 60 Jahren ist 50 Lot Silber wert. Ein Mann über 60 Jahren ist noch 15 Lot Silber wert, eine Frau nur zehn Lot Silber. Eine Frau in jungen Jahren bis 60 Jahre ist 30 Lot Silber wert. Deutlich wird hier der Mensch nach seiner Leistungsfähigkeit taxiert. Sein Beitrag für die Gesellschaft entscheidet über seinen Wert. So verliert ein alter Mensch ab dem 60. Lebensjahr einen großen Teil seines »Geldwertes«, er ist nur noch ein Drittel dessen wert, was er früher wert war.[5]

Wir haben es hier mit dem Versuch zu tun, eine »objektive« Beurteilung des älter werdenden Menschen unter dem Gesichtspunkt der körperlichen Leistungsfähigkeit für die Gesellschaft, ausgedrückt im gängigen Geldwert, abzugeben. Diese Form der Taxierung von Menschen ist aus der israelitischen Umwelt durch den Sklavenhandel durchaus bekannt. Dabei wird an dieser Stelle die geistige Leistung des alten Menschen für die Gesellschaft nicht berücksichtigt.[6]

Die zunehmende körperliche Schwäche gehört zu den wesentlichen Kennzeichen fortschreitenden Alters. Da »sitzen Greis und Greisinnen auf den Straßen Jerusalems, jeder mit einem Stock in der Hand wegen des hohen Alters« (Sach 8,4). Die Zierde der Alten (Spr 16,31) ist das graue Haar, während der Schmuck der Jungen ihre Kraft ist. In dem einzigen Klagelied, das wahrscheinlich ein alter Mensch spricht (Ps 71), werden schwindende Kräfte (Vers 9) und Ängste (Vers 20) genannt, der Alte fürchtet, weggeworfen zu werden und zu vereinsamen (Ps 71,9ff). Von psychischen sowie körperlichen Einbußen ist die Rede, oftmals z. B. von den schlechten, blinden Augen der Alten, so bei Isaak (Gen 27,21), Jakob (Gen 48,10), oder Eli (1 Sam 3,2). Ausnahmen dagegen verdienen besondere Erwähnung, wie etwa Mose

5. Vgl. H. W. Wolff, Anthropologie des Alten Testamentes, 3. Aufl., München 1977, 181.
6. Z. B. der/die Alte, der/die Recht spricht. Zum Beispiel Ri 4,4.

(Dtn 34,7): Seine Augen waren nicht matt geworden und seine Frische nicht gewichen.

Eine zusammenfassende Darstellung der Altersbeschwerden findet sich in der Allegorie in Koh 12,1-7, die als Mahnung an die jungen Menschen eingeführt ist:

(1) »Denk an deinen Schöpfer in deiner Jugend, ehe die bösen Tage kommen und die Jahre sich nahen, da du sagen wirst: ›Sie gefallen mir nicht‹;
(2) ehe die Sonne und das Licht, Mond und Sterne finster werden und Wolken wiederkommen nach dem Regen, –
(3) zurzeit, wenn die Hüter des Hauses zittern und die Starken sich krümmen, müßig stehen die Müllerinnen, weil es so wenige geworden sind, und wenn finster werden, die durch die Fenster sehen,
(4) und wenn die Türen an der Gasse sich schließen, dass die Stimme der Mühle leiser wird und wenn sie sich hebt, wie wenn ein Vogel singt und alle Töchter des Gesanges sich neigen;
(5) wenn man vor Höhen sich fürchtet und sich ängstigt auf dem Wege, wenn der Mandelbaum blüht und die Heuschrecke sich belädt und die Kaper aufbricht; denn der Mensch fährt dahin, wo er ewig bleibt, und die Klageleute gehen umher auf der Gasse; –
(6) ehe der silberne Strick zerreißt und die goldene Schale zerbricht und der Eimer zerschellt an der Quelle und das Rad zerbrochen in den Brunnen fällt.
(7) Denn der Staub muss wieder zur Erde kommen, wie er gewesen ist, und der Geist wieder zu Gott, der ihn gegeben hat.«

Diese Allegorie soll der Besinnung dienen, sich seiner Jugend zu freuen und sich doch des Altwerdens bewusst zu sein. Es wird nüchtern aufgedeckt, wie mit fortschreitendem Alter die Kräfte, die Sinne und alle Lebensäußerungen schwach werden. Dem kann niemand ausweichen. So ist die Realität des menschlichen Daseins. Kohelet versucht, in einer ebenso nüchternen wie poetischen Art das Alter zu schildern. Er lenkt den Blick bewusst auf die leidvoll zu erfahrenden Defizite, bleibt dabei auch willentlich stehen. Dem Prediger erscheint das Alter rein negativ, er zieht keine Folgerungen für einen positiven Umgang mit seinen Begleiterscheinungen.

In 2 Sam 19,32-48 wird dagegen das Bild des hochbetagten 80-jährigen Barsillai gezeichnet, der mit seiner zunehmenden Schwäche bewusst umgeht. Diese eine Seite des Alters wird von Barsillai in Stärke umgewandelt, indem er sie nicht verleugnet und in diesem Fall dem Jüngeren Platz macht. In Barsillai zeigt sich die positive Seite des Alters, die Weisheit.

Neben der Schwäche ist sie es, deren Zugewinn der Mensch im Alter erfahren kann, eine Weisheit im Sinne von positiv verarbeiteter Lebenserfahrung, zu der auch Kraftlosigkeit und Leid gehören können. Dass alte Menschen Erfahrung und Weisheit besitzen, wird ihnen durch die jüngere Generation zugebilligt. Die Älteren zeichnen sich durch Lebenserfahrung, durch Reife und Wissen aus, sie dürfen das Recht im Tor sprechen (Dtn 21,2-6,19f; 22,15-18; 25,7-9; Jer 26,17).

Außer dieser Aufgabe, im Tor Recht zu sprechen, ist es ihre wichtigste Aufgabe, die Tradition weiterzugeben. Jahwe wird von ihnen den nachkommenden Generationen als der Herr verkündigt (Dtn 6, 20), ihre Erfahrung mit Gott wird lehrend weitergegeben. Die Älteren sind Träger/innen der Heilsgeschichte und damit auch Mittler/innen in ihr (Dtn 32,7). Ein weiterer Bestandteil der Funktionen im Alter ist die Unterweisung der Jugend in allen Lebensfragen.

Doch nicht immer ist das Alter weise, gerecht und milde. Hiob sieht, dass auch Frevler alt werden (Hiob 21,7). Von einem Automatismus, dass, wer alt wird, gleichzeitig auch weise sei, ist nicht die Rede. Im Alter weise zu sein, ist ein Ergebnis der Gottesbeziehung, der Gottesfurcht. So zeigen sich in Hinblick auf das Alter spezifische Gefahren und Laster wie typische Gaben und Fähigkeiten. Der alte Mensch kann Lastern zum Opfer fallen oder mit Gottes Hilfe die spezifischen Tugenden des Alters verwirklichen. »Ich dachte: Lass das Alter reden, und die Menge der Jahre lass Weisheit beweisen. Aber der Geist ist es in den Menschen und der Odem des Allmächtigen, der sie verständig macht.« (Hiob 32,7.8) Gott ist es, der Weisheit im Menschen bewirkt, der ihm die Tugenden des Alters, Weisheit, Gerechtigkeit und Güte schenkt. Diese Eigenschaften zeichnen den Menschen aus, der sich von der Gottesfurcht leiten lässt. »Der fromme Israelit wusste: Im Alter liegen Schwäche und Größe, Torheit und Weisheit, Eigensinn und kluge Zurückhaltung nahe beieinander.«[7] Ob das Altern gelingt oder nicht, hängt allein von Jahwe ab.

In theologischer Perspektive ist der Mensch sowohl auf Dauer angelegt, weil in ihm das Bewusstsein von Fortdauer und Ewigkeit errichtet ist, als auch auf

7. J. Scharbert, Das Alter und die Alten in der Bibel, saeculum 30/1979, 351.

Zeit, da er um seine Vergänglichkeit weiß. Gott hat dem Menschen das Bewusstsein der Ewigkeit ins Herz gelegt. Trotzdem kann der Mensch das ganze Werk Gottes, Anfang und Ende nicht erforschen, aber er hat die Mühen und Plagen, es zu wollen. Wenn einer trotzdem fröhlich leben kann, ist auch das ein Geschenk Gottes – so das Buch Kohelet[8]. Der Mensch weiß also um Unendlichkeit und Begrenzung. Das hebräische Wort für die Lebensdauer (häläd) gehört in die Klage über seine Kürze (Ps 39,6; 89,48; 90).

Die Anfechtung, die für den Frommen der Verlust des Besitzes, Krankheit und früher Tod bedeuten, spiegelt sich im Hiobbuch[9], wie umgekehrt ein hohes Lebensalter als Gnade Gottes gilt, sozusagen als Erweis einer guten Gottesbeziehung.

Je älter man wird, je näher der Tod kommt, desto deutlicher wird, dass nun bald das tragende Element im Leben, die Gottesbeziehung, durch den Tod beendet sein wird. Die fortschreitende Erfahrung der Schwäche im Alter verweist auf die Morbidität des Menschen. Das Ende des Körpers bedeutet die natürliche Grenze des irdischen Lebens.

Sterben bedeutet das Ende der Gottesbeziehung. »Denn nicht lobt dich die Unterwelt, der Tod preist dich nicht; die zur Grube hinunterfahren, harren nicht auf deine Treue.« (Jes 38,18) Die nahe liegende Folgerung in dieser Gedankenwelt heißt: Das Alter bringt die Menschen aus der Nähe zu Gott in die Gottesferne. So wird die eigene Vergänglichkeit, die sich im Alter in besonderer Weise abzeichnet, zwar als unausweichliches Schicksal des Menschen angenommen, gleichwohl aber zutiefst beklagt – bedeutet das Sterben doch das Verlassenwerden von Gott.

Alt und lebenssatt, also voll von Leben und im Bewusstsein dessen, dass dieses Leben durch ein Ende verewigt werden muss, so sterben Abraham, Isaak, David, der Priester Jojada und Hiob. Ihr Leben hatte genug an Jahren und

8. Koh 3,9-12: »Man müht sich ab, wie man will, so hat man keinen Gewinn davon. Ich sah die Arbeit, die Gott den Menschen gegeben hat, dass sie sich damit plagen. Er hat alles schön gemacht zu seiner Zeit, auch hat er die Ewigkeit in ihr Herz gelegt; nur, dass der Mensch nicht ergründen kann das Werk, das Gott tut, weder Anfang noch Ende. Da merkte ich, dass es nichts Besseres dabei gibt als fröhlich sein und sich gütlich tun in seinem Leben. Denn ein Mensch, der da isst und trinkt und hat guten Mut bei all seinen Mühen, das ist eine Gabe Gottes.«
9. So machen auch Krankheiten den Menschen unrein und sondern ihn aus der Gemeinschaft aus. Die Krankheit wird als Zeichen der Schuld des Menschen verstanden, als ein Schlag Gottes. (Vgl. L. Köhler, Der hebräische Mensch, Darmstadt 1980, 42f).

genug an Inhalt, es hat sich zu einem Vollen gerundet, und es bedarf zur Vollendung des Abschlusses.

Dass Menschen alt und lebenssatt sterben können, impliziert zum einen die Verpflichtung daran zu arbeiten, dass dies allen möglich wird. Zum anderen muss dieser Aufgabe – ohne sie schmälern zu wollen – in der heutigen Gesellschaft, die durch Todesverdrängung gekennzeichnet ist, eine zweite zur Seite gestellt werden: Sterben und Tod als Teil menschlichen Lebens anzunehmen.

Eine Beziehung zu Gott nach dem Tod ist in den frühen Büchern des Alten Testaments nicht im Blick. Immer wieder beten daher Menschen darum, auch im Alter, im Angesicht des Todes nicht von Gott verlassen zu werden (Ps 71,17f). Erst mit dem Aufkommen eschatologischer Hoffnung (Dan 12, Weish 4,7-11) wird die Bewertung des Menschen nach seinem Lebensalter relativiert, und die Beziehung zu Gott als Kontinuum des Menschseins gewinnt an Bedeutung.

Die Hoffnung auf ihn reicht in der Spätzeit schließlich über den Tod hinaus. Der Glaube, dass die Beziehung zu Gott über den Tod hinaus weiter besteht, dass er seine bleibende Zusage an den Menschen nicht schuldig bleiben wird, dokumentiert sich z. B. in Jes 46,4: »Auch bis in euer Alter bin ich derselbe, und ich will euch tragen, bis ihr grau werdet. Ich habe es getan; ich will heben und tragen und erretten.«

Abraham geht seinen Weg im Gehorsam zur Weisung und Verheißung Gottes. Er wird nicht verschont von Anfechtung, Leiden und Schwäche. Das Alter wird weder als Zeit verminderter oder gar defizitärer Lebendigkeit charakterisiert, noch wird es statisch gesehen oder auf Ruhe fixiert. Gerade im Alter gibt es Aufbruch, Herausrufung und Hoffnung. Der Mensch lebt im Alter keineswegs speziell aus Gottes Gnade, vielmehr lebt der alte Mensch genauso wie im ganzen Lebenszyklus allein aus der Gnade und Treue Gottes.

Aber es gilt: Gott ist es, der den Menschen trägt – bis zum, im und über das Alter hinaus. Das Leben wird in der Bibel gesehen als ein Unterwegssein. Vieles muss der Mensch im Laufe seines Lebens hinter sich lassen. Die Frage »Was bleibt?« verbindet Menschen von heute mit den Menschen aus den Zeiten, in denen das biblische Zeugnis gesammelt wurde. Die Zusage der Liebe Gottes öffnet den Blick nach vorn. So kann der Mensch hinsehen zu der anderen Wirklichkeit, die schon immer in ihm angelegt ist, in der Gott dem Menschen begegnet. Hanna und Simeon sehen mehr, als andere sehen können. Sie haben einen neuen, intensiven Bezug zu Gott. Das ist ihre Gabe im Alter.

Das Altern kann also ein Voraus an Erfahrung und Weisheit bedeuten, insofern ein wirklicher Zugewinn sein. Die Reaktion auf dieses Geschenk Gottes ist Dankbarkeit. Das Alter wird nivelliert und unwichtig, da es etwas gibt, was über der Geschichtlichkeit des Menschen steht: die Beziehung zu Gott, die sich unter anderem in Weisheit äußern kann. Eine gelungene Gottesbeziehung verleiht dem Menschen Dauer, ob er jung ist oder alt. Auch alte Menschen können dann sein »wie grüne Bäume«, weil ihre Beziehung zu Gott stimmt, weil sie sogar intensiver sein kann als die der jüngeren, so können sie lebendiger, »grüner und frischer« als ein »junger Baum« sein (Ps 92,15).

Alter wird damit nicht verklärt, denn wie bereits festgestellt, sind auch Alte nicht immer weise und gerecht. Die Ambivalenz des menschlichen Herzens geht durch alle Lebensphasen. Gott alleine bestimmt, wer einen anderen etwas lehren könnte, der Junge den Alten oder der Alte den Jungen, denn er allein kann die menschlichen Verhältnisse umkehren. In Jesaja 40,30ff heißt es: »Junge Menschen werden müde und matt, selbst junge Krieger brechen zusammen. Doch die auf Jahwe hoffen, erneuern ihre Kraft, sie treiben Schwingen wie Adler. Sie laufen, werden nicht müde, sie wandern und werden nicht matt.«

Die Zeit, die der Mensch auf Erden zur Verfügung hat, wird alleine von Gott bestimmt, und von ihm wird bestimmt, wie diese Zeit aussieht. Es gibt keine menschlichen Verfasstheiten, die Gott nicht aufheben kann. Jahwe kann die menschlichen Verhältnisse umkehren. Letztendlich ist es unerheblich, in welcher Lebensphase sich ein Mensch befindet, sind doch alle Befindlichkeiten durch Gott auflösbar. Das Einzige, was wirklich bleibt, ist die Beziehung zu ihm.[10] Sie kann sich durch die Lebensphasen hindurch verändern, aber sie bleibt bestehen. Die Veränderung der Beziehung ist vielmehr ein Zeichen von Lebendigkeit und Reifung. Die Beziehung an sich aber qualifiziert unser menschliches Sein.

Selbst die dem Alter zugesprochenen Eigenschaften können von Jahwe aufgehoben werden – so müssen Alte nicht kraftlos und müde sein, aber schon Junge können es sein. Er kann das, was einen Jungen zu einem Jungen macht, umkehren, ebenso wie er umkehren kann, was einen Alten zu einem Alten macht. So gibt es hitzköpfige und nicht geläuterte Alte, und es gibt weise junge Menschen (z. B. Hiob 32,6-10).

10. Der Beter des 73. Psalm formuliert das so: »Wenn ich nur dich habe, so frage ich nicht nach Himmel und Erde. Wenn mir gleich Leib und Seele verschmachtet, bist du doch Gott, allezeit meines Herzens Trost und mein Teil.« (Ps 73,25f).

Es gibt demnach keine einhelligen Merkmale, die nur den Alten zugeordnet werden können, denn Jahwe kann alle Gesetze des Alters außer Kraft setzen: »Und wenn sie auch alt werden, werden sie dennoch blühen, fruchtbar und frisch sein, dass sie verkündigen, wie der Herr es recht macht; er ist mein Fels, und kein Unrecht ist an ihm.« (Ps 92, 15-16)

Weisheit und richtiges Reden erweist sich daran, ob es Jahwe gefällt. Auch junge Menschen können weise reden und werden gehört. Auch durch sie redet Jahwe. Er redet durch einen Jüngeren, z. B. in Hiob 32,6-10. Ebenso beruft er aber auch Alte zu Aufgaben, die Menschen vielleicht nur Jungen zutrauen. Seinem Segen ist es zu verdanken, wenn »das Alter wie die Jugend ist« (Dtn 33,25; 34,7; vgl. Jes 40,30f), die Beziehung zu ihm hebt alle Einteilungen in Lebensalter auf.

Das Fragen und Suchen nach dem richtigen Weg im Leben wird auch von dem alten Menschen erwartet, das Beispiel des gelehrten Nikodemus zeigt uns, dass man gerade im Alter angesichts des Todes und der Frage des ewigen Lebens Suchender und Fragender sein darf. Der älter gewordene Mensch ist jemand, der in besonderer Weise fragt und sucht. (Joh 3,4) Er erkennt dann aber, dass die Veränderung in der Erkenntnis und die Erneuerung im Glauben gerade nicht vom Alter abhängig sind (siehe Kap. 4).

Das Altersproblem, der Unterschied des Alters zur Jugend und zum Mannesalter, ist für das Neue Testament unwichtig. Deswegen tritt das Alter als besonderer »Stand« im Neuen Testament nicht hervor. Anlehnend an Galater 3 kann gesagt werden: Hier ist kein alter und kein junger Mensch mehr.

Es kann festgestellt werden, dass das Alter im Neuen Testament durch die Nichtanerkennung als eigener Status sozusagen normalisiert und aus einer möglichen »positiven« Diskriminierung herausgenommen wird. Im Gegensatz zum gesellschaftlichen Bild vom Alter, das negativ geprägt ist, kann aus seelsorgerlicher Sicht vorurteilsfrei mit dem Altern umgegangen werden. Im Leben sind nicht die Lebensalter entscheidend, sondern die Beziehung zu Gott ist das im Leben eines Menschen Entscheidende und Tragende.

Diese Sicht auf das Alter ermöglicht die Aufgaben, die alte Menschen in der Gesellschaft haben können, zu sehen (siehe Kap. 6, Seite 138) und ihnen die Wahrnehmung zu ermöglichen.

## Abgrenzung: Beratung – Seelsorge – Begleitung

Was kann geleistet werden, wie können wir alte Menschen unterstützen, dass sie in ihren letzten Lebensphasen ein gutes Leben führen können, in dem sie sich selbst entfalten? Es gibt unterschiedliche Unterstützungsmöglichkeiten, die der Begleitung, der Beratung und der Seelsorge. Im Folgenden werden der alte Mensch in seinen Bezügen gesehen und die Möglichkeiten der Unterstützung abgegrenzt.

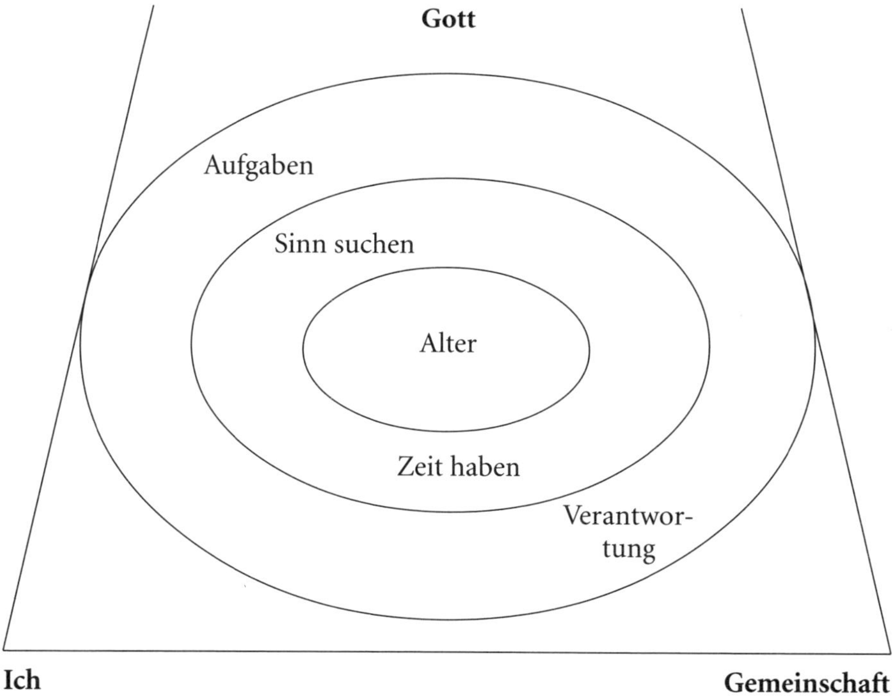


Der alte Mensch bewegt sich in seinem Beziehungsfeld. Das Alter ist als dominierender Teil der Person zur Gestaltungsaufgabe geworden. Oftmals direkter als in den Jahren zuvor ist der Mensch mit der Frage nach dem Sinn konfrontiert. Die Sinnfindungsbereiche Beruf und Familie sind nicht mehr vorhanden oder können die Antwort auf die Sinnfrage nicht mehr geben.

Es ist ein »mehr«, manchmal ein Übermaß an Zeit vorhanden, das oft nicht strukturiert werden kann. Das Pendel schlägt vor allem in den jungen Altersjahren von der Überaktivität aus bis zur Unterforderung. Der alte Mensch hat sich dem Thema Zeit und Sinn zu stellen, wenn er sein Leben befriedigend leben will. Es ergeben sich die Fragen, welche Aufgaben für den alten Menschen bereitliegen und für wen er sich einbringen will, für sich, für Gott und für die anderen? Es ergeben sich Überschneidungen, denn wenn ich z. B. etwas für andere tue, tue ich auch etwas für mich und für religiöse Menschen heißt das, auch etwas für Gott zu tun. Gott hat den Menschen in die Gemeinschaft gestellt, die Beziehungsfähigkeit gehört konstitutiv zum Menschen.

In der Begleitung werden alle Felder, die den alten Menschen treffen, zu Tage treten. Im Bereich der Seelsorge wird vor allem die Frage nach Gott gestellt. Die Beratung fragt wie Seelsorge und Begleitung auch zuerst nach dem alten Menschen als Person und seinem Wohlergehen und seinem Ort in und für die Gemeinschaft.

*Beratung*: Unter beratender Arbeit verstehe ich die Gespräche mit Menschen, die sich um eine bestimmte konkret eingrenzbare Problematik des Körpers, der Psyche, des Alltags eines alten Menschen drehen. Unter soziale Beratung fallen die Überlegungen, wann man in welches Pflegeheim geht oder wie die häusliche Pflege zu organisieren ist. Ernährungsberatung und Finanzberatung sind klar abgrenzbare Bereiche. Ein ganz bestimmtes Fachwissen, das gerade dieser Berater an der Stelle hat, wird abgefragt.

Bei psychischen Problemen und Fragen der Krisenbewältigung wird die Abgrenzung schwieriger. Depressive Verstimmungen oder Trauerbegleitung können sicher in einer psychosozialen oder psychologischen Beratungsstelle bearbeitet werden, können aber auch ein Bereich der Seelsorge sein.

*Seelsorge:* Wenn die spirituelle Dimension berührt ist und die Frage nach Gott in einer krisenbehafteten Situation gestellt wird, ist die Seelsorge gefragt. Natürlich ist die Abgrenzung nur individuell möglich. Sie ist von der jeweiligen Situation des Menschen abhängig, denn die Frage nach Gott wird oft maskiert in der »Warum-Frage« gestellt. Ist sie der eigentliche Kernpunkt des Problems? Wenn ja, ist ein Gespräch mit dem/der Seelsorger/in sinnvoll. Wird sie nur begleitend angesichts der Krise gestellt, kann das Gespräch als Beratung weitergeführt werden.

Die Seelsorge betrifft den ganzen Menschen im Zentrum, in seiner Seele. Inwieweit ist der Mensch eingebettet in einen Weltzusammenhang, in dem

Gott nicht ausgeklammert wird? Ist er hoffnungsvoll, fühlt er sich geborgen, kann er vertrauen? Persönliches Wachstum wird möglich (siehe Kap. 4, Seite 67).

Elemente einer Seelsorge können außer Zuhören das Gebet und der Segen, das Abendmahl und die Salbung sein.

*Begleitung:* Menschen im Leben, auf ihrem eigenen Weg zu begleiten ist eine wichtige Aufgabe. Die Begleitung geschieht in der Regel durch ehrenamtliche Kräfte. In diesen Gesprächen hat alles seinen Platz: der Austausch, der Smalltalk, aber auch das begleitende, zuhörende und vielleicht tröstende Gespräch. Die Wahrnehmung von Begleitungsaufgaben durch ehrenamtlich Tätige ist geprägt durch Professionalität. Das heißt, sie zeichnet sich durch Verbindlichkeit, Zuverlässigkeit und Fachwissen in Gesprächsführung etc. aus. Supervision und Aus- und Fortbildung ist im Bereich vieler freiwilliger Dienste selbstverständlich. Begleitung entspricht, im Bild gesprochen, dem Facharzt für Allgemeinmedizin im Gegensatz zum Spezialisten. Dem entspräche der Seelsorger.

Auch sollten die Anforderungen, die bei der Begleitung älterer Menschen gestellt werden, nicht unterschätzt werden.

Die Begleitung durch Ehrenamtliche hat einen eigenen, ihren Stellenwert, der durch Beratung oder Seelsorge nicht zu ersetzen ist. Die Funktion, die Ehrenamtliche in der Begleitung übernehmen, unterscheidet sich von der Funktion derer, die hauptamtlich »Helfer« sind. Hauptamtliche, seien es Seelsorgende oder Sozialarbeitende, sind die »Profis«, die dem alten Menschen begegnen, von denen er auch etwas erwartet, denen gegenüber er aber eine bestimmte Rolle hat und diese Rolle auch einnimmt. Er ist der »Klient«, der Rat braucht oder der Seelsorge bedarf. Ein gewisses Gefälle, das sich fast zwangsläufig zeigt, sollte bei aller partnerschaftlichen Zuwendung und Gesprächsführung nicht übersehen werden. Da ist einer, der etwas will, etwas braucht, und ein anderer, der etwas gibt oder meint geben zu können. Dass der Gebende am Ende auch beschenkt ist, z. B. durch das Teilhaben an einer fremden Lebensgeschichte, steht jetzt nicht zur Diskussion.

Dieses Gefälle entfällt bei der Begleitung, so wie sie hier verstanden wird. Ein jüngerer oder älterer Mensch besucht einen alten Menschen im Rahmen eines Besuchsdienstes. Der Besuch ist in der Regel absichtsfrei und findet nicht auf Grund der Aufforderung durch den alten Menschen statt. Menschlicher Begegnung wird Raum gegeben, Lebensgeschichten berühren sich. Der Besuchende wird nicht als Pfarrer oder Beraterin wahrgenommen, sondern als

»Mensch von nebenan«. Diese Erkenntnis halte ich für entscheidend. »Dem Menschen von nebenan« bin ich bereit, anderes, vielleicht auch Ungefiltertes zu erzählen. Er ist so wie ich, wird das Leben evtl. einmal so wie ich erleben. Er ist nicht der »Profi«, von dem ich etwas erwarte. Die Erwartungen bei diesem Besuch liegen im Austausch, im Nähe erfahren und im gemeinsamen Zeit verbringen.

# *So kann's gehen!*

## 3. Vorbereitung auf das eigene Altern

### Das Alter als eigenständige Lebens- und Entwicklungsphase

Es gibt keine institutionalisierte Vorbereitung auf das Altern und die Lebenszeitgestaltung im Alter.

> *»Das Schlimmste an allen Dingen ist, dass kluge und gebildete Menschen dahinleben, ... Gänzlich unvorbereitet treten sie die zweite Lebenshälfte an. Oder gibt es irgendwo Schulen, nicht bloß Hoch-, Sonder-, Höhere Schulen für Vierzigjährige, die sie ebenso auf ihr kommendes Leben und seine Anforderungen vorbereiten, wie die Volks- und Hochschulen unsere jungen Leute in die Kenntnisse der Welt einführen? Nein, aufs tiefste unvorbereitet treten wir in den Lebensnachmittag ... Wir können den Nachmittag des Lebens nicht nach demselben Programm leben wie den Morgen ...«*
>
> C.G. Jung

Aus: C. G. Jung, Die Dynamik des Unbewussten, Zürich und Stuttgart 1967, S. 455.

Die Generation der alten Menschen muss zum ersten Mal, seit die Menschheit besteht, damit fertig werden, dass sich die Lebenszeit und damit das Alter verlängert hat. Vorbilder und Modelle für gelingendes Alter gibt es kaum. Für den Lebensvollzug bedeutet das, dass die Unwissenheit, wie die evtl. noch 30 Jahre Altern nach Beendigung der Berufstätigkeit verbracht oder begangen werden können, und Unzufriedenheit um sich greifen.

Das letzte Jahrhundert hat uns viele Erkenntnisse über die Psyche des Menschen und seine Entwicklung beschert. Wir wissen, wie in jungen Jahren die psychische Entwicklung verläuft, aber das Alter ist bisher noch nicht deutlich genug als eigenständige Entwicklungsphase verstanden worden. Für einige ist Altern und Entwicklung ein Widerspruch, den es aber aufzulösen gilt. Natürlicherweise beginnt das Altern eines Menschen mit oder sogar vor der Geburt, mit dem Beginn ist das Ende abzusehen. Das Alter als letzte Entwicklungsphase beginnt um die 60. Und dann muss ich davon ausgehen, dass ich noch 30 bis 40 Jahre zu gestalten habe. Das ist eine lange Zeit. Die persönliche Entwicklung wird sich in den verschiedenen Jahresabschnitten unterschiedlich darstellen. Die Lebensaufgaben von 60-Jährigen sind andere als die von 70- oder 80-Jährigen.

Alles, was mit Alter verbunden ist, ist häufig negativ besetzt. Eine Ursache ist die Bewertung des Alters. Es wird gemessen an Werten wie Jugendlichkeit und Leistungsfähigkeit. Alt sein gilt als etwas, was man leider nicht vermeiden kann. Diese Sicht von Altern ist in der Gesellschaft weit verbreitet, fast jeder sieht das so. Wenn ein Mensch immer wieder einmal etwas vergisst oder wenn er langsamer zu Fuß ist, wird dies auf den ganzen Menschen übertragen. Man hält ihn für vergesslich und insgesamt für langsam. So hat man ein bestimmtes Bild von einem Menschen, dass der alte Mensch dann oft selbst übernimmt.

## Voraussetzungen für ein gelingendes Alter

Was ist das richtige Rüstzeug im Altersgepäck? Vertrauen und Hoffung! Warum bleiben manche Menschen im Alter körperlich und geistig fit, während andere vorzeitig altern? Studienergebnisse amerikanischer Forscher ergaben, dass nicht nur die Gene oder die Lebensweise das Altern beeinflussen, sondern eine optimistische Lebenseinstellung. Bei einer groß angelegten Studie wurde deutlich, dass alte Menschen, die von sich sagten, dass ihnen das Leben Spaß macht und sie hoffungsvoll in die Zukunft schauen, weniger gebrechlich als andere waren. Positive Gefühle, so schlossen die Forscher, können den Gesundheitszustand von Menschen beeinflussen.

Ebenso beeinflusst der Lebensstil, gemeint ist hier das Engagement für andere, die Lebenszufriedenheit und Gesundheit. Ehrenamtliches Engagement bringt den Einzelnen »lebenswerte« Vorteile. So ist soziale Unterstützung durch andere für alte Menschen wichtig. Aber wer länger und besser leben will, der sollte lieber geben als nehmen. Wer als alter Mensch seine Zeit, seine Kraft und sein Wissen anderen zur Verfügung stellt, kann sein Leben verlängern. Zu diesem Ergebnis kommt die Psychologin Stephanie Brown in einer Studie mit 423 zufällig ausgewählten älteren Paaren. Diese interviewte sie erstmals 1987 und ein zweites Mal fünf Jahre später, um festzustellen, wie gut die Paare die unabwendbaren Altersprozesse bewältigen. Vor allem interessierte sich Brown dafür, ob und in welcher Form die Teilnehmenden ihrer Studie Freunden, Nachbarn, Verwandten oder anderen Unterstützung zukommen ließen. Dabei ging es um praktische Hilfe wie Arbeiten im Haushalt, Kinderbetreuung etc., aber auch um emotionale Zuwendung wie z. B. anderen zuhören, wenn jemand Probleme hat. Im Zeitraum von 1987 bis 1992 starben 134 der befragten Personen. Stephanie Brown wollte nun wissen: Gab es einen Zusammenhang zwischen erhaltener Unterstützung, eigener Hilfsbereitschaft und Tod? Das überraschende Ergebnis: Von anderen Hilfe und Zuspruch zu bekommen, schützt nicht vor einem frühen Tod. Lebensverlängernd wirkte sich dagegen eigenes soziales Engagement aus. »Meine Ergebnisse zeigen, dass es nicht darauf ankommt, was wir von anderen bekommen. Ausschlaggebend ist, dass wir Zuwendung geben.« Großzügigkeit und Interesse am Mitmenschen sind offensichtlich allen Anti-Aging-Mitteln überlegen. Alte Menschen, die sich für die Nöte und Probleme ihrer Mitmenschen interessieren und nicht nur Hilfe und Unterstützung von anderen erwarten, haben nicht nur ein erfülltes Leben. Sie leben auch länger.[11]

Weiter geht der Münchner Hochschuldozent und Wissenschafts-Journalist Oskar Peter Spandl[12]. Er behauptet, dass soziales Engagement vor schnellem Altern schützt. Während viele Pillen und Kuren den Beweis dafür schuldig geblieben seien, dass sie den körperlichen und seelischen Abbau im Alter bremsen, habe der Einsatz für andere Menschen sich als »wirksamer Jungbrunnen« erwiesen.

Neben Bewegung, gesunder Ernährung usw. hätten sich »vielseitige geistige und soziale Aktivitäten und religiöser Glaube als wirkungsvolle Altersbremse gezeigt«. Schließlich sei der Alterungsprozess nur zu einem Drittel auf die eigenen Erbanlagen zurückzuführen. »Zwei Drittel unserer Lebensqualität und Lebenserwartung können wir durch unseren persönlichen Lebensstil prägen«, schreibt Spandl. Er kommt zu folgender Schlussfolgerung: »Der Mensch soll Leiden und Krankheit nicht als schicksalhaft ansehen, sondern selbstbestimmt

11. Aus: Psychologie Heute, April 2003, 48.
12. Anti-Aging ganz natürlich – länger leben, fit und jung bleiben, Oskar Peter Spandl, Herder-Verlag, Freiburg, Basel, Wien.

Verantwortung übernehmen und sich damit die Voraussetzung für ein langes aktives Leben bis ins hohe Alter schaffen.«

Damit korreliert die Sichtweise der Logotherapie, die Viktor E. Frankl begründet hat. »Also nicht darauf kommt es an, seelenärztlich gesehen: ob einer jung ist oder alt, und wie alt er sein mag; sondern darauf es ankommt, ist vielmehr die Frage, ob seine Zeit und sein Bewusstsein ausgefüllt sind von irgendeinem Gegenstand, an den sich dieser Mensch hingibt, und ob er selbst das Gefühl haben kann, auch trotz seines Alters, nach wie vor ein wertvolles und lebenswürdiges Dasein zu leben, mit einem Wort, sich auch noch im Alter innerlich zu erfüllen. Und nicht darauf kommt es an: Ob die Tätigkeit, die dem mündigen Dasein einen Sinn und Inhalt geben soll, mit Gelderwerb verknüpft ist oder nicht; sondern vom psychologischen Standpunkt ausschlaggebend und entscheidend ist einzig und allein die Frage, ob diese Tätigkeit dem Menschen, und mag er auch noch so bejahrt sein, das Gefühl erweckt, für etwas da zu sein – für etwas oder für jemanden.«[13]

## Alterstugenden

### *Zwischen Versöhnung und Verzweiflung*

Der Umgang mit sich selbst ist die größte Herausforderung im Leben. Wie gehe ich damit um, was mir genetisch mitgegeben worden ist, an Erfreulichem und an Unangenehmem? Wie gehe ich damit um, was mir das Leben oder das Schicksal in den Weg legt, an glücklichen oder verhängnisvollen Zufällen?

Das Lebensthema für jeden Menschen heißt, sich mit den Gegebenheiten des eigenen Lebens zu versöhnen, mit dem, was einem in die Wiege gelegt wurde und mit dem, was das Leben einem verweigert hat. Positiv formuliert heißt das: mit dem zufrieden sein, was man hat.

Eine ca. 70 Jahre alte, unverheiratete Krankenschwester in Pension verriet mir eines Tages, dass ihr Leben, so wie es verlief, nicht von ihr geplant war. Sie wollte eine Familie und Kinder haben. Allerdings war sie das einzige Kind einer Kriegswitwe, die über lange Zeit pflegebedürftig war. Sie hatte große Ansprüche an die Tochter und nahm ihre gesamte Freizeit in Anspruch. »Damals«, so schilderte sie, »musste ich eine Entscheidung treffen, entweder mei-

13. Viktor E. Frankl, Psychotherapie für den Laien, Herder-Verlag, Freiburg, Basel, Wien 1975.

ner Mutter mitteilen, dass ich mein eigenes Leben leben will – das hätte für sie bedeutet, dass sie in einem Altenheim leben müsste – oder dass ich auf meine eigenen Pläne verzichten würde.« Sie entschloss sich zum Verzicht auf ihre Wünsche. »Das war nicht einfach, diese Entscheidung durchzutragen, immer wieder zu bejahen und anzunehmen«, verriet sie mir. »Aber heute stehe ich zu meinem Entschluss von damals, so ist mein Leben heute das einer allein stehenden Krankenschwester in Pension. Ich habe vielleicht mehr Zeit als andere und die werde ich anderen Menschen schenken, die einsam sind. Damit heile ich auch meine Einsamkeit.« Eine lebenskluge Frau, die sich mit dem arrangiert hat, was das Leben ihr bot. Wobei es, wie auch bei dieser Frau, immer mehrere Optionen gibt, entscheidend ist, sich innerhalb der Gegebenheiten bewusst zu entscheiden, so wie sie es tat.

Leben kommt nicht dadurch zur Fülle, dass Wünsche und Ansprüche, die an das Leben gestellt, auch erfüllt werden. Entscheidend für die Lebenszufriedenheit ist, wie ein Mensch mit seinem Schicksal, insbesondere mit Schicksalsgegebenheiten, z. B. Krankheit und Leid umgeht. Immer wieder treffen wir Menschen, von denen wir sagen, dass das Schicksal »ihnen übel mitgespielt« hat. Sie aber gehen positiv durch das Leben, denn sie sind sich bewusst, was sie noch haben. Ein durch einen Autounfall querschnittsgelähmter Mann erzählte mir, dass er Baumkosmetiker war. Er kletterte auf die höchsten Bäume und erhielt sie durch seinen Einsatz. Es war sein Traumjob. Der Unfall veränderte sein Leben. Nun war er begeisterter Rollstuhltänzer. Er war glücklich, dass er noch am Leben war; ihm, so sagte er, war ein zweites Leben geschenkt worden.

Das Geheimnis mit sich gut im eigenen Leben umzugehen, heißt: sich versöhnen mit dem eigenen Schicksal, sein Leben annehmen, anderen vergeben und sich dabei bewusst innerhalb des Möglichen im Leben entscheiden.

Im Leben wird nicht alles so laufen, wie wir das wollen, und auch Fehler oder Fehlentscheidungen aus der Vergangenheit belasten unser Leben vielleicht auf Dauer. Wir sind gefragt, wie wollen wir damit umgehen? Die Erkenntnis von eigenem Versagen und evtl. unbewältigter Schuld ist bedrückend. Ist es möglich, noch etwas wieder »gut« zu machen? Oft geht aber genau das nicht, wir können im Nachhinein nichts mehr zurechtrücken, was war, ist gewesen.

Welche Möglichkeiten bleiben also? Ich kann mich versöhnen mit meinem Leben, wie es gelaufen ist, mit meinen Fehlern und Fehlentscheidungen. Wie geht das? Indem Sie ganz klar im Nachhinein eine neue Bewertung vornehmen und das, was war, »gut sein« lassen. »Lass gut sein« sagen wir in der Regel dann, wenn etwas nicht vollständig ausdiskutiert ist, wir aber das Thema so hinnehmen, stehen lassen können. Mit »gut sein« lassen, in dem Sinn, wie ich es gebrauche, gehen wir über dieses Verständnis noch hinaus. Sie bewerten Ihre Vergangenheit neu: Es war, wie es war, anderes war mir damals nicht möglich, also kann ich es jetzt so annehmen, wie es war, und es auch positiv sehen. Sie entscheiden sich, Ihr Leben gut sein zu lassen, das eigene Leben anzunehmen, so wie man es nun einmal gelebt hat. Eine Voraussetzung dafür ist, dass ich anderen vergebe (siehe Kap. 4, Seite 81).

## *Zwischen Annahme und Auflehnung*

Das Leben gut zu leben, bedeutet die Grenzen, die das Leben setzt, anzunehmen, die *Endlichkeit* des eigenen Lebens zu *akzeptieren*, abschiedlich leben.

Die Vergänglichkeit des Daseins betont die Begrenztheit des Lebens. Im Leben die eigene Endlichkeit zu akzeptieren, bedeutet, die wichtigste *Grenze* im Leben anzunehmen.

Man erzählt sich, als der weise Kaiser Suleiman alt geworden war, sei der Herrscher der bösen Geister zu ihm gekommen und habe gesagt: »O, Kaiser, hier, nimm diese Zauberschale mit dem Wasser des Lebens. Trinke einen Schluck davon, und du wirst die Unsterblichkeit besitzen.«

Doch der alte Kaiser Suleiman war wirklich weise. Er wollte wissen, was andere Menschen darüber denken. So befahl er, die ersten drei, die an seinem Palast vorübergingen, hineinzuführen.

Bald standen ein berühmter Krieger, ein reicher Händler und ein armer Bauer vor ihm. Suleiman fragte den Krieger: »Sag mir, werde ich glücklich sein, wenn ich das Wasser des ewigen Lebens getrunken habe?« Der Krieger antwortete: »Ja, du wirst glücklich sein! Tausend und aber tausend Jahre wirst du leben und Zeit haben, das ganze Land zu erobern. Ist es nicht ein großes Glück, viele Völker zu erobern?«

Dann fragte der Kaiser den Händler: »Sag du mir, was du darüber denkst.« Der Händler erwiderte: »Ja, du wirst glücklich sein! Du wirst tausend und aber tausend Jahre leben, und mit jedem Jahr wird sich dein Reichtum mehren. Und ist es nicht ein großes Glück, zu sehen, wie man immer reicher wird?« Zuletzt fragte der Kaiser den Bauern. Der Bauer entgegnete: »O Kaiser! Du hast nur die halbe Wahrheit erfahren. Warum du glücklich sein wirst, haben sie dir erklärt, sie verschwiegen dir aber, warum du unglücklich sein wirst. Kaiser, es kommt die Stunde, da stirbt deine geliebte Frau. Du aber lebst und siehst, wie dein Reichtum sich mehrt. Deine Kinder werden sterben. Du aber lebst und freust dich deiner Macht. Deine Enkel werden zu Grabe getragen, du aber lebst und zählst deine Schätze. Eines Tages blickst du dich um und es gibt niemanden mehr, der dich und deine Zeit versteht, der dir nahe steht. Das ist es, was dich erwartet, weiser Herr. Und nun trinke und erwirb dir Unsterblichkeit!«

»Um nichts in der Welt will ich so leben«, rief der Kaiser, nahm die Schale mit dem Wasser des Lebens und zerschmetterte sie.

Die Begrenzung des Lebens kann als bedrohlich oder bereichernd erlebt werden. Die Annahme dieser Grenze macht deutlich, dass das Leben einmalig ist. Der verantwortliche Umgang mit dem Leben steigt, ebenso die Dankbarkeit für jeden Augenblick. Gerade das Annehmen der zeitlichen Begrenztheit gibt dem Alter sein spezifisches Lebensgefühl und seine Möglichkeiten. Meines Erachtens ist dieser positive Umgang mit der Begrenzung nur dann wirklich gelungen, wenn es nicht nur um »ein Hinnehmen und das Beste daraus machen« geht, sondern um einwilligendes Akzeptieren. Vielleicht kann die Grenze auch deswegen angenommen werden, weil Gott diese Demarkationslinie für uns letztendlich doch wieder aufgehoben hat in dem Versprechen, dass seine Zuwendung auch über den Tod, also über die Begrenzung hinaus besteht.

Wenn wir den Tod als Grenze nicht annehmen, hindert er uns unter Umständen am Leben. Eine Geschichte erzählt: Ein Mann wird von einer Schlange bedroht, er beginnt, gegen sie zu kämpfen. Die Schlange ist übermächtig, er flieht, sie folgt ihm, und der aussichtslose Kampf beginnt von vorne. Seine Kräfte verzehren sich, er kann nichts mehr leisten. Ein Weiser sieht dieses vergebliche Bemühen und rät, vor der Schlange nicht mehr zu fliehen. Es solle sich neben die Schlange legen, sich ihren Windungen anpassen, nur das würde ihn retten, sie würde ihn niemals mehr angreifen. Der Mann tat es und war tatsächlich gerettet.

Die Begrenzung menschlichen Lebens kann sich vielfältig zeigen, z. B. in körperlichen Einschränkungen. Aber damit wird die Möglichkeit der geistigen Entgrenzung nicht genommen. »Das führt zu einer weiteren Alterstugend, zu der Fähigkeit des Transzendierens, also der Ausweitung unserer »Ichgrenzen ins Überpersönliche.«[14]

14. F. Riemann, Die Kunst des Alterns, Stuttgart 1981, 61.

Die Grenzen und Einschränkungen bestimmen nicht das Altern. Die Möglichkeiten, die eigenen Grenzen zu überschreiten sind gegeben, unter anderem durch das Annehmen der Grenze Tod und das Suchen nach geistiger Entgrenzung im Gebet.

## *Zwischen Weisheit und Besserwisserei*

Neben der Schwäche sind es die *Weisheit und Erfahrung*, die das Alter prägen. Die Weisheit, von der die Rede ist, meint die positiv verarbeitete Lebenserfahrung, die Einbußen wie z. B. Kraftlosigkeit und Leid kennt, und die durch ein langes Leben erprobte Beziehung zu Gott. Dass alte Menschen Erfahrung und Weisheit besitzen, wird ihnen durch die jüngere Generation zugebilligt. Die Älteren zeichnen sich durch Lebenserfahrung, durch Reife und Verständnis aus.

Im Alter weise zu sein, ist auch ein Ergebnis der Gottesbeziehung, der Gottesfurcht. Die Bibel spricht von der Alterstugend *Weisheit.* Wenn ich die Erfahrungen, die ich in meinem Leben mache, verarbeite, erlange ich mit Sicherheit ein gewisses Maß an Weisheit. Weisheit meint aber auch, wie ich mit meiner Erfahrung umgehe. Manchmal zeichnet sich Weisheit dadurch aus, dass ich sie gerade nicht herauslasse, um einem anderen die Möglichkeit zu geben, seine eigenen Erfahrungen zu machen. Um mit meiner Erfahrung gut umzugehen, ist es nötig, mir bewusst zu sein, dass, wenn ich sie anderen immer vorenthalte, es eine Form der Verweigerung von Verantwortung für die Zukunft ist. Gleichzeitig kann der große Erfahrungsschatz eines Menschen zu einer Plage für die jüngeren Mitmenschen werden. Bei den anderen kommt dann Besserwisserei an und es besteht die Gefahr, gar nicht mehr gehört zu werden.

In einprägender Weise hat das Teresa von Avila in ihren Lebensempfehlungen für das Alter formuliert:

> *»O Herr, du weißt besser als ich, dass ich von Tag zu Tag älter und eines Tages alt sein werde!*
> *Bewahre mich vor der Einbildung, bei jeder Gelegenheit zu jedem Thema etwas sagen zu müssen! Erlöse mich von der großen Leidenschaft, die Angelegenheiten anderer ordnen zu wollen! Lehre mich nachdenklich (aber nicht grüblerisch), hilfreich (aber nicht diktatorisch) zu sein!*
> *Bei meiner ungeheuren Ansammlung von Weisheit scheint es mir ja schade, sie*

*nicht weiterzugeben – aber du verstehst, O Herr, dass ich mir ein paar Freunde erhalten möchte.* 5

*Bewahre mich vor der Aufzählung endloser Einzelheiten und verleihe mir Schwingen, zur Pointe zu gelangen! Lehre mich Schweigen über meine Krankheiten und Beschwerden. Sie nehmen zu und die Lust, sie zu beschreiben, wächst von Jahr zu Jahr. Ich wage nicht, die Gabe zu erflehen, mir Krankheitsschilderungen anderer mit Freude anzuhören – aber lehre mich, sie geduldig zu ertragen.*

*Lehre mich die wunderbare Weisheit, dass ich mich irren kann. Erhalte mich so liebenswert, wie möglich. Ich möchte keine Heilige sein, mit ihnen lebt es sich so schwer, aber ein alter Griesgram ist das Krönungswerk des Teufels! Lehre mich an anderen Menschen unerwartete Talente zu entdecken, und verleihe mir, O Herr, die schöne Gabe, sie auch zu erwähnen.«*

TERESA VON AVILA (1515-1582)

## *Zwischen Gelassenheit und Gleichgültigkeit*

Wie kann ich es erreichen, im Alter ein gutes und weises Leben zu führen? Ich kann das Leben in *Gelassenheit* annehmen, hinnehmen, was es gibt, und daraus etwas machen zum eigenen und zum Wohl der anderen. Das gelingt mir dann, wenn ich von meiner Leidenschaft festzuhalten Abstand nehmen kann und wenn ich vermeide, aus Gelassenheit Gleichgültigkeit werden zu lassen. An einem guten Altersleben zu arbeiten gleicht einem Seiltänzer: Es ist eine schwierige Aufgabe das Gleichgewicht auf dem Seil zu halten, es erfordert Mut, Selbstüberwindung und dauernde Übung. Auf jeder Seite lauert der Abgrund. Gelassenheit gelingt mit nur, wenn ich der Gefahr des Festhaltens und der Gleichgültigkeit nicht erliege.

Es ist ganz gut eingerichtet, dass wir Menschen sozusagen täglich und andauernd, ob wir wollen oder nicht, loslassen müssen. Ich orientiere mich dabei an meinem Körper, genauer an meinem Atem. Wir sind auf das Atmen angewiesen, der Atem ist unsere Existenzgrundlage. Aber genauso existenziell wichtig ist es, den Atem wieder loszulassen und auszuatmen. Ich meine unseren Atem. Wir atmen ein und aus. Wir sterben, wenn wir nur Sauerstoff aufnehmen und das Ausatmen vergessen. Ausatmen ist die Loslass-Übung überhaupt. Wir atmen so viel Sauerstoff ein, dass es einen Augenblick zum Leben reicht, dann atmen wir aus, lassen dieses Stück Leben los, um neu zu beginnen. Bewusstes Atmen ist eine erste Meditationsübung. Der Atem wird dabei bewusst wahrgenommen, ihm wird nachgespürt, wie er durch den Körper fließt und ihn belebt. Ebenso bewusst wird diese Lebenskraft losgelassen und ausgeatmet.

Eine Beziehung zu Gott ist hilfreich, um gelassen leben zu können. Der Glaube an ihn hilft mir, anzunehmen, dass mein Leben sinnvoll ist, auch wenn ich den großen Zusammenhang nicht erkenne.

Eine Frau erinnerte sich an früher und erzählte mir, was ihr half, ihr Leben, das sie als ein Sammelsurium von Bruchstücken empfand, zu akzeptieren. »Wenn ich früher mit meiner kleinen Tochter die Teile unseres Puzzles richtig zusammenlegte, entstand das Bild von Jim Knopf und Lukas, dem Lokomotivführer, vor uns. Auf dem Bild war zu erkennen, wie sie vor dem Palast des Kaisers von China aßen. Ping-Pong bewirtete sie mit allerhand Speisen. 60 Puzzleteile konnte meine Tochter damals fast alleine zusammensetzen. Wenn wir das Bild lange genug betrachtet hatten, beschlossen wir, dass wir uns von ihm wieder trennten. Am Ende des Spiels wird das Bild also wieder zerstört, das ist die schwerste Aufgabe. Die Teile werden auseinander gezogen und wieder in die Schachtel gelegt. Das Bild ist verschwunden, viele bunte und unzusammenhängende Teile sind nun nur noch da. Wenn wir beide in die Schachtel schauten, erschien es uns jedes Mal undenkbar, dass daraus ein so schönes, ganzes Bild entsteht.

Mein Leben erscheint mir oft so wie dieses Puzzle«, erläuterte sie, »es besteht aus vielen, oft unzusammenhängenden, unterschiedlichen Augenblicken. Da gibt es schöne bunte Zeiten und viele eckige und schwierige Erlebnisse. Manchmal scheint alles gut zu sein, was ich erlebe; ein anderes Mal ist vieles unverständlich und problematisch in meinem Leben – da passt dann gar nichts mehr zusammen!

Wenn ich die durcheinander gewürfelten Teile des Puzzles anschaue, tröstet mich der Gedanke, welch' schönes Bild aus diesen Schnipseln werden kann, wenn ich sie richtig zusammenlege, und ich hoffe, dass mein Leben vor Gott ein schönes, ganzes Bild sein wird.«

Gelassenheit bedeutet aber auch, anderen gegenüber tolerant zu sein. Durch Gelassenheit kann ich Meinungen und Lebensstile zulassen, auch wenn sie mir widerstreben, ich muss sie nicht verurteilen. Meine Perspektive ist eine andere geworden. Ich kann aus einer Außenperspektive auf mich selbst und die anderen schauen, vielleicht gewinne ich so ein wenig Überblick und muss nicht kleinlich reagieren.

Stellen Sie sich die Aufnahmen aus einer Weltraumfähre vor. Sie schauen auf die Welt, aus dieser Perspektive ist sie klein. Weit weg sind sie durch diesen Blickwinkel von allem, was sie sonst umfängt und sie einsperrt. Wenn ich es schaffe, mein Leben aus einer gewissen Distanz zu betrachten, relativiert sich vieles.

Loslassen bedeutet auch, sich von Materiellem trennen zu können – bis hin zur Bedürfnislosigkeit. Vielleicht kann sich das Habenwollen, das der eigenen Vergewisserung diente, in ein Gebenwollen verwandeln. Von möglichst viel vom Leben zu haben zu einem zufriedenen Dasein mit dem, was einem gegeben wurde. Dieses Umlernen, eine solche Haltungsänderung trägt mehr als man glaubt dazu bei, ob das Alter von uns als sinnvoll erlebt wird.

## *Zwischen Liebesfähigkeit und Hartherzigkeit*

Eine weitere anzustrebende Alterstugend ist die *Liebesfähigkeit.* Die Erfahrungen in meinem Leben haben mich dann reicher gemacht, wenn mein Herz größer geworden ist und ich die anderen, ihre Fehler und ihr Versagen mit liebenden Augen, nicht beschönigend, anschauen kann. Meine Liebe ist wie ein viel zu großer Mantel, er kann alles einhüllen, was an quälenden Kleinigkeiten mich bei anderen stört. Sie leben ihr Leben, das ist so, das ist gut so und das soll auch so sein. Trotzdem, oder gerade deshalb, kann ich sehen, wo ich gebraucht werde, wo ich helfen kann, wo Zuhören oder nur Dasein gefragt ist. Starre Rechthaberei, beharren auf den Einsichten, die man so mühsam gewonnen hat, wird andere vertreiben.

Starrsinn, Rechthaberei können unser Alter im Griff haben. Wir wollen uns durchsetzen, so wie früher, und das um jeden Preis. Was bringt es? Einsamkeit. Wir brauchen nicht mehr alles zu wissen, alles am besten zu wissen, wir müssen unsere Meinung nicht mehr durchsetzen, das gibt ein Stück Freiraum, freien Raum, in den unsere Liebesfähigkeit einziehen kann.

Wollen wir unseren Egoismus, unsere Bedachtsamkeit auf uns im Alter auf die Spitze treiben oder gibt es andere Wege? Können wir ablassen von unserem Narzissmus – der uns das Leben nimmt, weil wir im eigenen Spiegelbild versinken? Narziss war bekanntermaßen in seinem sich im Wasser spiegelnden Bild untergegangen. Vielleicht können wir unsere Eigenlieben in eine allumfassende Liebe verwandeln?

Wir haben viele Möglichkeiten, uns verändernd dem Leben zu stellen: z. B. durch den Dank für alles, was gewesen ist, oder durch das Staunen über jeden neuen Tag.

### *Zwischen Verantwortung und Verweigerung*

Wenn ich mit älteren Menschen spreche, höre ich oft, Altsein ist nicht schön. Auf die Frage, warum es nicht schön sei, heißt es dann, man ist einsam, man ist nicht mehr so gesund wie früher. Es ist so, als wenn sich eine lähmende Traurigkeit über alte Menschen ausgebreitet hat. Wenn man nachfragt, stößt man auf die Bilder und Geschichten der Vergangenheit, die das Leben eines Menschen im Alter oft stark prägen. Sie werden erzählt und gedacht unter dem Gesichtspunkt dessen, dass es damals noch gut und schön war und jetzt nicht mehr. Alles, was jetzt ist, wird an dem, was war, gemessen. Und dann ist das Jetzt eine traurige Angelegenheit! Damit legt sich der Schleier der Niedergeschlagenheit über die schönen Ereignisse, die in der Vergangenheit gewesen sind. Es wird bedauert, dass das, was war, nun nicht mehr ist.

Alte Menschen haben auch in unserer Gesellschaft viel zu sagen. Es ist nötig, dass sie ihre Verantwortung als Ältere wahrnehmen, aber sie tun es oft nicht. Einmal, weil sie es sich nicht mehr zutrauen, auf mich wirkt das wie eine Form von Verweigerung, oder weil sie auf ihre Verantwortung hin nicht angesprochen werden (siehe Kap. 2, Seite 25), nicht hineingeholt werden in die Aufgaben, die vor der Gesellschaft liegen. Da liegt ein wichtiges Aufgabenfeld für Orts- und Kirchengemeinden brach. Sie können diese Aufgaben, die Möglichkeit der Verantwortungsübernahme bereitstellen (siehe Kap. 6, Seite 138).

## Wie erreiche ich diese Tugenden?

Wie schaffe ich es, diese Tugenden in meinem Leben zu verwirklichen? Glaubensgewissheit, Selbstdistanz, Humor, das Gebet und die Meditation sind die vier Meilensteine auf dem Weg zu den Tugenden.

## *Mit Glaubensgewissheit*

Mit diesem etwas sperrigen Wort von der *Glaubensgewissheit* meine ich, dass Gott jede und jeden von uns geschaffen hat: Wir sind gewollt. Es bedarf keiner anderen Begründung meines Lebens. Ich bin nicht wichtig, weil ich Geld habe, weil ich anerkannt bin, weil ich viel geleistet habe. Ich bin wichtig und es gibt mich, weil Gott mich will – das ist die Gewissheit unseres Lebens. Selbst, wenn ich niemand mehr wichtig bin, ihm bin ich wichtig, auch über den Tod hinaus.

## *Mit Humor*

Lachen ist ein Ausdruck von *Humor*. Es ist die Fähigkeit, den Unzulänglichkeiten der Welt und den Schwierigkeiten und Missgeschicken des Alltags mit heiterer Gelassenheit zu begegnen. Sie nicht so tragisch zu nehmen und über sie und sich lachen zu können. Man sieht von sich selbst ab. Vieles ist dann nicht mehr so wichtig, wie es auf den ersten Augenblick erscheint. Wenn ich über mich und meine Schwächen lachen kann, bin ich stark. Dann bin ich mir und meinen Empfindungen nicht ausgeliefert. Ich kann aus einer Außenperspektive auf mich selbst schauen und über mich lachen, weil ich eine Kleinigkeit im Moment so schwer nehme, wie es sich gar nicht lohnt.

Ein neu ernannter Bischof beklagte sich in der ihm von Papst Johannes XXIII. erstmals gewährten Privataudienz, dass ihn die neue Bürde nicht mehr schlafen lasse. »Oh«, sagte Johannes in mitleidsvollem Tone, »mir ging es in den ersten Wochen meines Pontifikats genauso, aber dann sah ich einmal im Wachtraum meinen Schutzengel, der mir zuraunte: Johannes, nimm dich nicht so wichtig! ... Seitdem schlafe ich wieder.«

Beim Lachen über mich habe ich Distanz zu mir. Die Sicht, wie ich mein Leben betrachte, ändert sich.

Beim Lachen passiert einiges im menschlichen Körper, wenn Sie lachen, rast der Atem mit 100 Stundenkilometern durch die Luftröhre. »Lachen ist gesund«, so sagt es die Volksweisheit. Lachen ist gesund, das bestätigt die medizinische und psychologische Forschung. Lachen setzt Stoffe in unserem Gehirn frei, die zum Wohlbefinden und zur Besserung des Allgemeinzustandes beitragen.

Lachen ist gesund. Na gut, und wenn man nun nichts zu lachen hat? Auch dann ist Lachen gesund, lachen Sie einfach auch ohne Grund und auch, wenn es ihnen künstlich vorkommt. Lachen hilft, nach dem Motto: »Humor ist, wenn man trotzdem lacht«. Das Rezept lautet: »Lachen Sie, auch, wenn Ihnen gar nicht danach zu Mute ist.« Und der Anfang dazu, dass es besser geht, ist gemacht! Wenn ich es schaffe, mein Leben aus einer gewissen Distanz zu betrachten, relativieren sich viele Sorgen und Probleme. Senta Berger berichtet in einem Interview, dass sie auch lachte, wenn es ihr gar nicht gut ging, dies half ihr aber zum Gutgehen. Wenn du nicht glücklich bist, tue so, als wenn du glücklich wärst – und du wirst glücklich.

Unvergleichlich realistisch betet Thomas Morus um Humor. Wenn die Lebensgrundfunktionen erfüllt sind, kann der Mensch zufrieden sein, wenn er dann noch Probleme hat, entstehen diese, weil er sich selbst zu wichtig nimmt:

*Gebet um Humor*

*Schenke mir eine gute Verdauung, Herr,*
*und auch etwas zum Verdauen.*
*Schenke mir Gesundheit des Leibes,*
*mit dem nötigen Sinn dafür,*
*ihn möglichst gut zu erhalten.*
*Schenke mir eine heilige Seele, Herr,*
*die das im Auge behält, was gut ist und rein,*
*damit sie im Anblick der Sünde nicht*
*erschrecke, sondern das Mittel finde,*
*die Dinge wieder in Ordnung zu bringen.*
*Schenke mir eine Seele, der die Langeweile*
*fremd ist, die kein Murren kennt und*
*kein Seufzen und kein Klagen,*
*und lasse nicht zu,*
*dass ich mir allzu viel Sorgen mache*
*um dieses sich breit machende Etwas,*
*das sich »Ich« nennt.*
*Herr, schenke mir Sinn für Humor*
*und gib mir die Gnade, einen Scherz zu verstehen,*
*damit ich ein wenig Glück kenne im Leben*
*und anderen davon mitteile. Amen.*

## *Mit Selbstdistanz*

Sich selbst nicht so wichtig nehmen, diese Lebenshaltung fängt im Kopf an. Lenken Sie sich von sich selbst ab! Sie müssen sich auch von sich selbst nicht alles gefallen lassen! Sie sind das Wichtigste auf der Welt, was es gibt, aber es gibt Wichtigeres.

Die Aufgabe des Lebens heißt, das zu tun, was man kann und was einem vor »die Füße« fällt. Eine Kerze hat die Aufgabe zu brennen und Licht damit zu verbreiten, auch wenn sie sich dabei verzehrt.

Hilfen, um diese Lebenshaltung zu erlagen, sind das Gebet und die Meditation.

## *Mit Gebet und Meditation*

Das Gebet hilft, Alterstugenden zu erlangen. Es ist ein Gespräch mit Gott. Im Gebet kann man Kontakt aufnehmen: Man kann mit Gott reden, mit ihm sprechen. Alles darf gesagt werden. Gott hört. Er ist der Einzige, mit dem in dieser schonungslosen Offenheit gesprochen werden kann. Auch alle Zweifel, die man an Gott hat, kann man ins Gespräch mit ihm hineinpacken. Viele Menschen jüdischen Glaubens haben ein sehr unmittelbares Verhältnis zu Gott. Sie schimpfen mit ihm, sie loben ihn. Und sie nehmen ihr Leben dann so, wie es kommt.

Wir können über alles klagen, alles erbitten – einmal erfüllt sich die Bitte, das andere Mal lernen wir damit leben, dass es nicht so geht im Leben, wie wir wollen. Und vielleicht ist es ganz gut, dass sich manche Bitte im Gebet nicht erfüllt, vielleicht, weil sie aus Kummer und unverarbeitetem Zorn heraus geschah, im Affekt sozusagen – Wie furchtbar wäre es, wenn sich alle unseren geheimen Flüche oder Verwünschungen erfüllen würden!

Sicher haben Sie solche Situationen auch schon erlebt: Man bettelt, bittet und fleht um etwas, aber es erfüllt sich nicht. Monate oder Jahre später weiß man, dass es so, wie es gekommen ist, gut war und dass es gar nicht gut gewesen wäre, wenn die Bitten sich erfüllt hätten.

Wie furchtbar es sein kann, wenn sich Wünsche allzu schnell erfüllen, erzählt das Märchen vom armen Ehepaar: Es waren ehrbare Menschen, die in Frieden alt geworden waren. Deshalb versprach ihnen eine gute Fee, drei Wünsche zu erfüllen. Das Glück über das unverhoffte Geschenk war riesengroß.

Der alte Mann fasste es kaum und rief in seinem Überschwang: »Jetzt möchte ich erst mal eine ordentliche Bratwurst essen.« Und schwuppdiwupp lag die Bratwurst auf dem Teller vor ihm. Mit Entsetzen und voller Wut sah seine Frau, dass ein Wunsch nun schon vergeben war, und rief: »Die Bratwurst möge dir an deiner Backe kleben.« Und was geschah – die Bratwurst klebte an der Wange des alten Herrn. Kein Mittel half, sie ging auch nicht mehr ab. Also musste der letzte Wunsch verbraucht werden, um die Bratwurst aus dem Gesicht zu bekommen.

Ein Gebet kann eine Bitte oder ein Wunsch sein, aber ist das alles? Ein Gebet kann alles sein: Ein Lied, eine Meditation, eine Anrede, fest gefügte oder freie Worte, sogar das ganze Leben kann ein Gebet sein. Es kommt auf die Haltung, auf die Einstellung zum Leben an. Bin ich alleiniger Manager meines Lebens und verstehe ich mich als rein biologisches Produkt, dann wird es mir schwer fallen zu beten. Wenn ich mein Leben jedoch als Geschenk verstehe, entsteht ein Gefühl der Dankbarkeit. Ich will dem danken, der es mir geschenkt hat. Ich setzte damit Gott voraus, egal wie ich ihn mir vorstelle.

Dankbarkeit ist eine religiöse Lebenshaltung. Wenn man sein Leben als Geschenk versteht oder empfindet, fühlt man sich frei und ist glücklich. Dann begreife ich mein Leben jedoch auch als Aufgabe. Ich habe die Aufgabe, mich und meine Fähigkeiten verantwortungsvoll in dieser Welt einzubringen. Im Gebet, im Dialog mit dem, dem ich dieses Leben verdanke, kann ich jeden Tag neu klären, was heute meine Aufgabe in der Welt ist.

Es gibt auch Tage, an denen das Leben schwer ist und an denen ich keinen Grund zur Dankbarkeit sehe. Aber dann kann ich Gott klagen, was mir nicht passt. Ich kann schimpfen und meinem Zorn freien Lauf lassen. Auch das ist besser, als wenn ich alles, was mir im Leben an Unglück passiert, auf mich zurückführen und mich dafür verantwortlich machen müsste. Das Gebet öffnet die Tür zu einer anderen Welt, zu jener Welt, der wir im Alltag kaum Raum geben. Es ermöglicht mir den Dialog mit Gott. Viele Menschen suchen nach dieser anderen Welt. Gerade Klostergemeinschaften, die streng von der Welt abgeschieden leben, haben besonders von jungen Leuten einen starken Zulauf. Durch das Beten können wir diese andere Welt, die Welt der Ruhe, der Gelassenheit und der Gottesnähe in uns hineinlassen.

# *Was trägt*

## 4. Glaube und Sinnfindung im Alter

*»Mit neuen Gedanken alt werden.*
*Jung bleiben an*
*uralten Gedanken.«*

Rose Ausländer

### Grundlagen

#### *Theologische Grundlagen*

Ein gelungenes Leben im Alter zeichnet sich dadurch aus, dass sich der Mensch nicht ausgeliefert fühlt. Er kommt in schwierige Situationen, kann damit leben und umgehen, weil er innere Bewältigungsstrategien hat, seelische Widerstandskraft besitzt.

Was braucht der Mensch für ein gelingendes Alter? Erstaunlicherweise decken sich in dieser Hinsicht theologische und psychologische Überlegungen weitgehend. Auch aus psychologischer Sicht braucht ein Mensch, um sein Alter zu bestehen, bestimmtes »Rüstzeug«. Neben Bewegung, gesunder Ernährung usw. hat sich der *religiöse Glaube* als wirkungsvolle Hilfe im Alter gezeigt.

Menschen, die glauben, haben Vertrauen in das Leben und tun sich oft mit dem Altern leichter als Menschen, die nicht im Glauben zu Hause sind. Der Psychiater Harold Koenig von der Duke University im North Carolina hat die bisher größte Untersuchung an über 4.000 Senioren durchgeführt, mit der Frage, inwieweit soziale Unterstützung durch Kirchenmitgliedschaft geschehen kann. Er kam zum Ergebnis, dass ältere Menschen, die regelmäßig die

Gottesdienste besuchen, weniger depressiv und körperlich gesünder waren als die Senioren, die alleine zu Hause beteten.

Allerdings unterscheidet sich die Wirkung des Glaubens auf die Lebenszufriedenheit und -gesundheit durch die Form der Religiosität. Bei dem Vorhandensein einer gefühlsbetonten, spontanen Gottesbeziehung wurde eine deutlich erhöhte Lebenserwartung festgestellt. Dasselbe zeigte sich bei Erkrankungen, auch hier wirkte sich ein emotionaler und lebendiger Glaube gesundheitsfördernd aus.

Es ist wohl so, dass sich nicht der Glaube an sich, aber ein bestimmter Frömmigkeitsstil auf die Lebensqualität auswirkt. Der Harvard-Mediziner Herbert Benson unterscheidet zwei verschiedene Formen von Gläubigkeit, eine eher passiv-akzeptierende und eine aktiv-fordernde: Er kommt zu dem Ergebnis, dass nur wer loslassen und sein Schicksal vertrauensvoll in die Hand Gottes oder einer anderen höheren Macht legen kann, von der gesundheitsfördernden Kraft des Glaubens profitiert.

Glaube ist Geschenk. Er hat mit Demut, Ehrfurcht und Achtsamkeit zu tun. Ein Mensch kann sich kaum vornehmen zu glauben, um gesund zu bleiben. Dem Glaubenden geht es nicht um Gesundheit, sondern z. B. um Heilsein, was auch in der Krankheit möglich ist, im Glauben geht es um eine »gesunde« Beziehung zu Gott.

*Gutes Leben im Alter braucht:*

- Hoffnung. Hoffen heißt, ich bin nicht allein, es ist nicht alles aus, wenn ich sterbe. Das Reich Gottes erwartet mich.

- Glaube. Dieser drückt sich in Gefühlen der Dankbarkeit, Freude, Geborgenheit und Gelassenheit aus. Glauben meint nicht Für-wahr-Halten von Glaubenssätzen, sondern bedeutet Vertrauen.

- Sinn. Sinn finden bedeutet »fraglos« da zu sein und Altern anzunehmen.

  Die Möglichkeit, sich auch mit Behinderungen bis zum Ende des Lebens einbringen zu können. Der Mensch sollte die Möglichkeit haben, Leiden und Krankheit nicht als schicksalhaft anzusehen, sondern Verantwortung übernehmen zu können.

- Gewissheit. Die Gewissheit, dass es eigene Gestaltungsmöglichkeiten im Alter gibt.

»Und Gott schuf den Menschen zu seinem Bilde, zum Bilde Gottes schuf er ihn; und schuf sie als Mann und Weib.« (Gen 1,27). Das bedeutet, dass der alte Mensch Gottes Ebenbild ist. Nicht der junge weiße Mann ist der Maßstab, an dem gemessen wird, sondern die Zusage Gottes, dass er Junge und Alte zu seinem Ebenbild geschaffen hat und damit ihre Würde unantastbar ist. Die Überbewertung der Jugend in unserer Gesellschaft wird aufgehoben und eine deutliche Aufwertung des Alters in unserem Bewusstsein angemahnt.

Der alte Mensch erfährt in unserer Gesellschaft, dass vor allem Leistungsfähigkeit zählt. Viele alten Menschen haben diese Leistungsorientierung internalisiert. Oft fällt es Menschen am Ende ihrer Berufstätigkeit schwer, neue Aufgaben für sich zu finden, weil ihre Leistung vorwiegend im Beruf erbracht wurde. Ich erinnere an den so genannten Pensionierungsschock, der auch tödlich enden konnte.

> *»Gott gegenüber ist der Mensch ein Nehmender, insofern er sich selbst von seinem Gott entgegennimmt. Sich selber empfangen zu können, die eigene Person von Gott entgegennehmen zu können – das ist Glaube. Zwar gilt: Geben ist seliger als nehmen. Doch erst recht gilt: Nehmen-können ist seliger als Geben-können. Denn nur wer sich selbst von einem anderen empfangen kann, kann sich selbst einem anderen auch hingeben.«*[15]

»Da sein«, weil Gott das Leben gegeben hat, das ist eine Lebensmöglichkeit im Alter, aber auch eine vorbildliche Existenzweise für alle Menschen. Das kann eine wichtige Aufgabe für die Seelsorge sein, Menschen aus ihrer Leistungsorientierung heraus zum »Dasein« zu ermutigen. Wie dieses Dasein sinnvoll gestaltet werden kann, ist eine weitere Aufgabe im Seelsorgegespräch. Wenn darauf vertraut wird,

> *»dann ist der alte Mensch gerade dadurch, dass er primär als Nehmender Repräsentant der Menschenwürde ist, im eminenten Sinn ein Gebender. Denn er hätte der Gesellschaft durch sein bloßes Dasein zu verstehen gegeben, dass der Mensch eben in seinem bloßen Dasein bereits ein Gebender ist«*[16].

Auch wenn es dem alten Menschen – und nicht nur diesem – gelingen muss, sich von dem in unserer Gesellschaft üblichen Messen an Leistung frei zu machen, bedeutet dies noch lange nicht, dass er etwa nichts mehr für die Gesell-

15. E. Jüngel, Der alte Mensch – als Kriterium der Lebensqualität, in: Der Wirklichkeitsanspruch von Theologie und Religion, Tübingen 1976, 131.
16. a. a. O., 132.

schaft tun könne. Die besonderen Qualitäten, die das Alter mit sich bringen kann, sind Anspruch, Vorbild und Bereicherung auch für Jüngere.

Für einen alten Menschen heißt das, wahrzunehmen, was sich verändert, den Abbau von Schnelligkeit und Wendigkeit etwa, aber auch erkennen, dass noch vieles sinnvoll und möglich ist, intensive und konzentrierte Arbeit zum Beispiel. Auf die positiven Möglichkeiten des Alters zu schauen, macht frei zu neuem Handeln. Ein nur an den Defiziten orientiertes Menschenbild des Alters dagegen misst sich an jugendlicher Leistungsfähigkeit und übersieht die Möglichkeiten, die auch im »Da-Sein« verborgen sind. Nicht die Geschichtlichkeit des Menschen ist entscheidend, seine Beziehung zu Gott ist das Wesentliche (Ps 92).

Daraus ergeben sich Aufgaben und Sinnfindungsmöglichkeiten im Alter:

- Dasein als mögliche und sinnvolle Lebensform im Alter akzeptieren.
- Den Jungen vorzuleben, Vorbild zu sein, wie ein »gutes«, d. h. »gottwohlgefälliges« Alter möglich ist, wird eine wichtige und sinnvolle Aufgabe sein.
- Offen zu bleiben für Betätigungsfelder, für die gerade die Fähigkeiten des alten Menschen benötigt werden, kann lebensdienlich sein.
- Und auch die Freiheitsmöglichkeiten, die das Alter geben kann, darf der Mensch ausschöpfen.

Im Rahmen des Nachdenkens über eine spezifische Seelsorge mit alten Menschen soll das Gespräch mit der Logotherapie in besonderer Weise gesucht werden. Das logotherapeutische Menschenbild und die sich daraus ergebenden Konsequenzen für die Beratung von Menschen werden für die Seelsorge mit alten Menschen fruchtbar gemacht.

Hat die Seelsorge mit alten Menschen ein spezifisches Gesicht? Inwiefern ist die Seelsorgesituation mit alten Menschen anders als bei jüngeren qualifiziert?

Probleme oder Fragen, die junge Menschen haben, können natürlich auch in gleicher Weise ältere bewegen. Zum Beispiel sind Sucht- oder Beziehungsprobleme altersunabhängig.

Überlegungen bezüglich der eigenen Lebenszeit, des Sterbens und des Todes tangieren allerdings ältere Menschen erfahrungsgemäß in anderer Weise als jüngere. Die Vergänglichkeit rückt mit zunehmendem Alter deutlich in das Blickfeld des Einzelnen. Jeder Mensch erlebt irgendwann den Verlust gewohnter Umstände oder lieber Menschen und trauert. Allerdings nimmt die Häufigkeit dieser Erfahrung in der Regel mit fortschreitendem Alter zu. Spezielle Abschiedssituationen häufen sich, z. B. vom Beruf, von der Lebensgemeinschaft mit den Kindern. Die Sinnorientierung und damit eine evtl. erreichte Lebenszufriedenheit lassen nach. Glaubensfragen werden neu gestellt.

Auch anderes Konfliktpotential wächst, so etwa die Frage nach dem Umgang mit erwachsenen Kindern und deren Partnern. Seelsorgliche Beratungen in solchen Krisensituationen werden sich vor allem mit diesen besonderen Schwierigkeiten beschäftigen.

Der alte Mensch hat in der allgemeinen seelsorglichen Begleitung drei Themenkreise neu zu erfassen und zu definieren: zunächst die Einstellung zu sich, seiner Lebenszeit und seiner Körperlichkeit, dann seine Beziehung zu den anderen, zur Gemeinschaft und außerdem zu Gott.

Die eigene Situation wird häufig als durch Vergänglichkeit, Begrenzung, körperliche Einschränkung (Beziehung zum Ich), Wahrnehmen von Fehlbarkeit und Schuld sowie durch Stigmatisierung, Altersstereotypen oder durch Übernahme von Altersstereotypen (Beziehung zum anderen) gekennzeichnet erlebt. Dieses Erleben ist zudem charakterisiert durch das Selbstsicherungsbemühen des Menschen.

Die Beziehung zu Gott nun ist es, die dieses, wie im Folgenden zu zeigen sein wird, verändert. Auftretende »Warum-gerade-ich-Fragen« signalisieren explizit die Glaubensfragen. Darauf zu reagieren ist die Aufgabe der Seelsorge. Seelsorge ist hierbei primär als Hilfe zur Lebensgewissheit, als Hilfe zur Gewissheit über den Grund menschlicher Existenz zu verstehen und stärkt und fördert Lebensgewissheit.

Im Einzelnen kann die Situation alter Menschen folgende *Seelsorgeaufgaben* erkennen lassen:

- Der Erfahrung von Vergänglichkeit das Prädikat Gottes an den Menschen, »unendlich wertvoll« zu sein, gegenüberzustellen. Gerade alte Menschen haben ein starkes Bedürfnis nach Wertschätzung. Sie wollen erfahren können, dass sie einmalig sind, anerkannt und geliebt werden.
- Der Erkenntnis des Nachlassens der eigenen Leistungsfähigkeit die Erlaubnis des »Da-Seins« zu geben.
- Dem Wahrnehmen von Fragmenthaftigkeit die Ganzheit in Gott gegenüberzustellen.
- Dem Erleben von Fehlbarkeit den Zuspruch der Vergebung Gottes zuzusagen.

- Dem Leiden unter Altersstereotypen das Mitleiden Gottes in Jesus Christus mit allen Menschen ins Bewusstsein zu rufen und Befreiung zu neuen Aufgaben aufleuchten zu lassen, weil bei Gott das Alter eines Menschen keine Rolle spielt.
- Dem Erleben von Begrenzung die unbegrenzte Beziehung Gottes durch den Geist zuzusprechen. Der Wunsch nach Reifung und Wachstum besteht. Wie kann ich spüren, dass ich mich gefunden habe, dass meine Identität »rund« ist?
- Dem Bemerken von körperlichen Einschränkungen die Möglichkeit der geistigen Entgrenzung z. B. im Gebet entgegenhalten. Dem Wunsch nach Heimat und Beheimatung durch Nähe und das Angebot Gottes und seiner Geborgenheit entgegenkommen.

Es werden sich schwerlich rezeptartig Methoden zur Vermittlung der oben genannten Inhalte im Seelsorgegespräch aufzählen lassen. Außerdem wird die Haltung des/der Seelsorger/s/in dem/der anderen gegenüber eine große Rolle spielen. Jedoch soll versucht werden, die Erkenntnisse dieser Arbeit für die Anwendung im Seelsorgegespräch fruchtbar zu machen. Vor allem in Bildern, biblischen Erzählungen, Erfahrungen von anderen können die oben genannten Themen Älteren nahe gebracht werden.

Biblische Geschichten können heilend erfahren werden, wie z. B. in der Geschichte von Jakob am Jabbok (Gen 32,23ff). Sie ist ein Bild für die Erfahrung von Krise (siehe Kap. 4, Seite 69/70).

In seelsorglichen Einzelkontakten kann das Verständnis gefördert werden, die eigene Lebensgeschichte als eine Geschichte mit Gott zu verstehen, dies kann zur Verarbeitung von Problemen beitragen. »Für die Erfassung der persönlichen Glaubensgeschichte heißt dies: Der Mensch muss die Möglichkeit erhalten, einzelne ›Geschichten‹ zu schildern, in denen der Glaube angesprochen war.«[17] Durch das Erzählen einzelner Lebensgeschichten kann das eigene Leben als individuelle Glaubensgeschichte wahrgenommen werden.

Im Erzählen-lassen des Lebens können auf den Sinn des Lebens hin transzendierende Fragen gestellt werden, sodass einzigartige Lebensinhalte aufleuchten, und zwar vielleicht gerade in den scheinbar unbedeutenden Ereignissen.

17. A. Kruse, Alter im Lebenslauf, in: Zukunft des Alterns und gesellschaftliche Entwicklung, hg. P. M. Baltes, M. M. Baltes, Berlin/New York 1992, 350.

Der/die Fragende geht dabei davon aus, dass es in jedem Leben Begegnungen gibt, bei denen ein Mensch unersetzbar für andere oder für das augenblickliche Leben geworden ist. Diesen Begebenheiten gilt es nachzuspüren. Sie geraten oftmals in Vergessenheit, weil die Problematik der Vergänglichkeit in den Vordergrund tritt. Diese Exploration kann z. B. in Form eines »Sokratischen Dialoges« geschehen. »Was ich wirklich zum Leben brauche, ist ...« »Leben ist für mich ...« »Wenn ich morgen sterben würde, würden Freunde sagen: ...« »Am besten ist es mir ergangen, als ich ...« »Das größte Geschenk für mich war, als ...« »Das wichtigste in meinem Leben ist ...«.

Einzelne prägende Geschichten aus dem Leben finden einen direkten Widerhall im biblischen Gedankengut und Unverstandenes klärt sich. Viele einzelne »stories« fügen sich zusammen und können als Geschichte Gottes mit dem Menschen begriffen werden.

Wenn auf Grund persönlicher Erfahrung das Prädikat Gottes »unendlich wertvoll« noch nicht zur Einsicht geworden ist, kann an die Taufe erinnert werden. Sie ist unverbrüchlicher Garant für das Gütezeichen »unendlich wertvoll«. Auch hier kann mit Bildern, die die biblischen Inhalte elementarisieren und transportieren, gearbeitet werden.

H. Frank[18] erzählt davon, wie ihre beiden Großväter mit dem Leben umgehen. Der eine hatte sich vorgenommen, 90 Jahre alt zu werden, er lebte gesundheitsbewusst, trank nicht, ging spazieren, um dieses Ziel zu erreichen, und er wurde sehr alt. Der andere war ein Managertyp, rastlos und erfolgreich. Später einmal wollte er sich Muße gönnen, wenn die Firma alleine laufen würde. Der erste Großvater wurde fast 90 Jahre alt, der Krieg trennte ihn von Kindern und Enkeln, seine Frau starb, die Freunde von einst waren tot, und so starb auch er unbemerkt. »Er hatte sich, so empfinde ich es bis heute, gleichsam selbst überlebt, sein Leben war lange zuvor schon erfüllt und abgerundet gewesen, aber da war es noch längst nicht zu Ende. Das einst so ersehnte und unter Opfern angestrebte Altwerden war nun zwar erreicht, aber es war zu einer unerträglichen Last geworden.« Der andere Großvater starb recht plötzlich, ohne seinen Ruhestand genießen zu können. »Ein arbeitsreiches Leben? Ganz bestimmt! Auch ein erfülltes?«

In diesen Lebensdarstellungen werden zwei Möglichkeiten, mit der Begrenzung des Lebens umzugehen, vor Augen geführt. Der eine möchte seine Le-

18. Vgl. H. Frank, Leben angesichts des Todes, veränderte und erweiterte Neuausgabe, Stuttgart 1977.

bensgrenze durch seine eigene »Gesundheitsleistung« erweitern, der andere hält den Inhalt seines Lebens für seine »Arbeitsleistung«. Das Gleichnis vom reichen Kornbauer« (Lk 12,16-21) kommt unmittelbar in den Sinn. Der alte Mensch, der sich auf diese Weise »dauerhaftes, bleibendes Leben« sichern will, kann u. a. durch die genannten Beispiele sensibilisiert und zur kritischen Reflexion seines Lebens ermutigt werden.

Demgegenüber kann die Begrenzung des Lebens auch bereichernd erlebt werden. Die Annahme dieser Grenze macht deutlich, dass das Leben einmalig ist. Der verantwortliche Umgang mit dem Leben steigt, ebenso wie die Dankbarkeit für jeden Augenblick. »Aber gerade das Annehmen der zeitlichen Begrenztheit gibt dem Alter sein spezifisches Lebensgefühl und seine Möglichkeiten.«[19] Meines Erachtens ist dieser positive Umgang mit der Begrenzung nur dann wirklich gelungen, wenn es nicht nur um »ein Hinnehmen und das Beste daraus machen« geht, sondern wenn die Grenze deswegen angenommen werden kann, weil Gott diese Demarkationslinie für uns letztendlich doch wieder aufgehoben hat in dem Versprechen, dass seine Zuwendung auch über den Tod, also über die Begrenzung hinaus besteht.

Den Wert eines Menschen an seiner Leistung für die Gesellschaft zu messen, ist, wie gezeigt wurde, ein bis heute üblicher Maßstab. Leistung in rein ökonomischer Sicht zu verstehen, hieße dann, den Menschen zu einem messbaren und vergleichbaren Objekt zu machen.

Umgekehrt kann aber ein Mensch seine Leistungen auch als Selbstbestätigung und Selbstsicherung missbrauchen. Wenn Leistung zur Selbststabilisierung missbraucht wird, zeigt sich ihr destruktiver Charakter, da sie dann der eigenen Machtsteigerung und Selbstverherrlichung dient.

Ein positiv verstandener Leistungsbegriff bezieht sich auf den Auftrag, den Gott den Menschen gegeben hat, d. h. nämlich verantwortlich für sich, die Geschwisterschaft der Kinder Gottes und die Welt zu handeln, denn: *Gott will etwas von uns!*

Eine in diesem Sinn verstandene Leistung wäre dann auch die »Verzichtsleistung«[20] im Alter. Sie meint, dass im Alter die Begrenzungen und Einbußen in der aktiven oder schöpferischen Leistungsfähigkeit angenommen werden, ohne andauernde Frustration. Bestimmte Möglichkeiten werden sich nicht mehr

19. F. Riemann, Die Kunst des Alterns, Stuttgart 1981, 61.
20. K. Winkler, Alter als Verzichtsleistung?, WzM, 44/1992, 386-395.

realisieren lassen. Aber die eigene Identität hängt nicht davon ab. Das ist die eigentliche Verzichtsleistung. »Ich bleibe ich – mein Dasein bleibt sinnvoll – auch wenn ich (zunehmend) eingeschränkt leben muss.«[21]

Menschen zu diesem »Da-Sein« ermutigen heißt, sie zu unterstützen, dass sie bewusst darauf verzichten, sich selbst durch Werke zu »erleisten«, sie erleben lassen, dass ihre Identität davon nicht abhängt.

Denn die unbegrenzte Zuwendung Gottes, die über das Alter und den Tod hinaus trägt, kann vom Menschen nicht »erleistet«, sie darf zugesagt werden. Um von diesen Selbstsicherungsbemühen zu entlasten, kann das Erzählen von Mt 6,25-34 (evtl. auch Koh 3,22), dem Sorgen Gottes z. B. für die Vögel, die sich ihr Leben nicht »erleisten«, förderlich sein. Denn »erleistetes« Leben ist kein erfülltes Leben, das aus der Beziehung zu Gott heraus gespeist wird. Jörg Zink schreibt: »Ich darf einfach da sein und leben. Ich bin endlich erwachsen und ein freier Mensch.«[22]

Ein erfülltes Leben ist m. E. vor einem christlichen Hintergrund dadurch gekennzeichnet, dass die Begrenzung des Lebens angenommen und auch die »Leistung« im Leben als Geschenk von Gott verstanden wird und dass die von Gott gegebenen Aufgaben im jeweiligen Augenblick verantwortungsvoll wahrgenommen werden, in Gewissheit der unverbrüchlichen und unbegrenzten Beziehung zu Gott.

## *Aufgaben im Alter*

### Prophetischer Auftrag

Am Anfang des Lukas-Evangeliums (Lk 2,22ff) wird von zwei alten Menschen berichtet. Von beiden wird gesagt, dass sie sich in der Nähe des Tempels aufhalten.

Simeon wird als gottesfürchtiger Mann beschrieben, auf dem der Geist Gottes ruht (Vers 25). Er wartet auf den Trost Israels. Durch den heiligen Geist weiß er, dass er nicht sterben wird, bevor er den, den er erwartet, gesehen hat (Vers 26). Auch im folgenden Vers wird noch einmal auf die Rolle des heiligen Geistes aufmerksam gemacht, der Simeon zum Tempel trieb. Dort begegnet er

21. K. Winkler, 1992, 387.
22. J. Zink, Ich werde gerne alt, 3. Aufl., Stuttgart 1990, 4.

Maria und Josef mit dem Kind Jesus. Er nimmt das Kind auf seine Hände, und er weiß, dass dieses Kind dasjenige ist, das seinem Warten ein Ende macht. So deutet er Jesus in Vers 30 und 31 als Heiland der Welt, der Heiden und des Volkes Israel. Diese Deutung hat öffentlichen Charakter. In den Versen 33 und 34 wird erzählt, dass er den Eltern prophezeit, was die Aufgabe Jesu für die Welt sein wird.

Hanna wird als hoch betagte Prophetin bezeichnet, deren Lebensinhalt der Dienst an Gott war. Sie ist eine Tochter Phanuels, aus dem Stamm Asser. Über diesen Stamm sprach Mose folgenden Segen: »Von Eisen und Erz sei der Riegel deiner Tore; dein Alter sei wie deine Jugend!« (Dtn 33,25b) Der Schluss liegt nahe, dass es kein Zufall ist, dass Hanna aus dem Stamm Asser stammt. Scheinbar zeichnet dieser Stamm sich dadurch aus, dass seine Alten in besonderer Weise von Gott befähigt werden, zukunftsweisende Aufgaben zu erfüllen.

Beide alte Menschen nehmen die Aufgabe wahr, den Eltern und der Öffentlichkeit im Umfeld des Tempels die Sendung und Bestimmung des neugeborenen Kindes zu bezeugen. Beide sind sie mit dem Geist Gottes gesegnet. Ihre Fähigkeiten, weiter zu sehen als andere, sind ihnen nicht zu ihrem Nutzen, sondern zur Erfüllung von Gottes Auftrag gegeben. Ihre ihnen zugedachte Aufgabe ist es, ihre Fähigkeiten für andere einzusetzen – gerade auch in ihrem Alter. So sind sie dazu bestimmt, den Christus vor der Welt zu bekennen, das latente Wissen Marias zu bestätigen (Lk 2,19). Jesu Eltern wundern sich über die Aussage von Simeon und Hanna. Diese verstehen Jesus als den Heiland, bezeichnen ihn auch so, und Simeon prophezeit, dass sich an ihm die Geister scheiden werden (Lk 2,33f). Aus dem Dasein der beiden Alten, die in der Nähe des Tempels im Gebet, in Offenheit also zur Transzendenz[23] leben, ist ein neuer Bezug zu Gott erwachsen. Sie reden prophetisch deutend, vom Geist Gottes begabt. Ihre Fähigkeit weiter zu sehen, formt sich in Worte, die wegweisend sind für andere. Sie sind es, die die Ereignisse der Zeit deuten und den Heiland vor der Welt bezeugen (Lk 2,38).

23. Der Transzendenzbegriff wird in Anschluss an P. Tillich verwendet. Er betont Gott als den »Ganz-Anderen«. »Aber die Andersheit wird nicht wirklich als Andersheit erfasst, wenn sie im ästhetisch-erkennenden Bereich bleibt und nicht als Andersheit des göttlichen ›Du‹ erfahren wird, dessen Freiheit mit meiner Freiheit in Widerspruch geraten kann. Der Sinn der Raumsymbole für die göttliche Transzendenz ist die Möglichkeit des Widerspruchs und der Versöhnung zwischen unendlicher und endlicher Freiheit.« (P. Tillich, Systematische Theologie, Bd. I, 4. Aufl., Stuttgart 1973, 303).

Die Gabe der Prophetie, die sich an diesen beiden Alten zeigt, speist sich unter anderem aus der Möglichkeit auch alter Menschen, Visionen und Träume zu haben (Joel 3,1-3). Alte und Junge, Frauen und Männer werden bei dieser rückhaltlosen Selbstoffenbarung Gottes gleichgestellt. Visionen, Prophetie und Träume werden dem Menschen als Gabe Gottes zuteil, die Träume aber werden besonders den alten Menschen zugeordnet. Von Gott gegeben beziehen sie sich, ähnlich den Visionen, auf das Entwerfen von Zukunft. Diejenigen, die selbst nur noch wenig irdische Zukunft vor sich haben, haben Träume und Visionen für eine Zukunft der Jungen, die der Geist Gottes in ihnen wirkt.

Mose sieht das gelobte Land, in das er nicht mehr gehen wird (Dtn 32,49.52), und er sieht über den jetzigen Zustand seines Volkes hinaus auf das, was kommen wird. Gott ist es, der ihm diese erweiterte Sicht gibt. Dieses »Mehr-Sehen« des Mose wird in der Segnung der Stämme ausgedrückt.

In prophetischer Geistesgabe, von Gott selbst verliehen, werden mutige Zukunftsentwürfe, die den Rang von Zusagen haben, durch alte Menschen den jungen Menschen angesagt. Die Chance älterer Menschen ist es, weniger abhängig zu sein, z. B. von Vorgesetzten im Berufsleben. Sie können Berater und Mahnerinnen sein, mutig und unbequem – was sie sagen, muss nicht gefallen, darf aber überzeugen, weil man auf sie hört.

### Pädagogischer Auftrag

Wie deutlich wurde, vermitteln Hanna und Simeon, die mehr wissen und erkannt haben als andere, ihre besondere Sicht der Dinge. Sie deuten das Leben auf Grund von Geistbegabung und Lebenserfahrung. Dies sind sie den Jungen schuldig, weil sie den göttlichen Auftrag haben, ihre Erkenntnis weiterzusagen.

Als Simeon seine Zeit gekommen sieht, ist er bereit zu sterben. Es genügt ihm, den Heiland gesehen zu haben, so kann er Abschied von der Welt nehmen (Lk 2,29). Auf solche Weise wird bei ihm exemplarisch deutlich, wie Abschiednehmen von der Welt in guter Weise geschehen kann. Simeon kann sterben, weil Gott ihm begegnete. Doch über seine Person hinaus bedeutet dies für die ältere Generation, dass sie den Auftrag hat, den Jungen Älter-Werden und Sterben-Können vorzuleben. Eine Vorbereitung auf das Alter, ich möchte es Gerontoprophylaxe nennen, ist nur möglich, wenn Vorbilder da sind, auf die geschaut werden kann. Doch nicht nur im Blick auf Altern und Sterben, sondern gerade auch was die Vermittlung individueller Gotterfahrungen und

Gottesbeziehungen betrifft, ist der alte Mensch in eine besondere Verantwortung für die folgenden Generationen gestellt.

Diakonischer Auftrag

Die älteren Witwen, die in den Gemeinden zu Versorgungsproblemen geworden waren, sollen »geehrt« werden, so heißt es im Timotheusbrief (1 Tim 5,3). Sie sollen nicht der Verelendung ausgesetzt werden, sondern man sollte sich um sie kümmern. Diese Vereinbarung schließt selbstverständlich die materielle Seite, die Fürsorge für den täglichen Lebensunterhalt mit ein. So wurde die Versorgung der Witwen durch Institutionalisierung ihres diakonischen Dienstes in der Gemeinde und für diese geregelt.

Das Amt der Witwe entsteht als eines unter anderen urchristlichen Diensten, allerdings mit eigener Struktur. Das Amt der Gemeindewitwen unterscheidet sich von den anderen dadurch, dass es nicht der Leitung, Führung und Organisation der Gemeinde dient, sondern den diakonischen Aufgaben vorbehalten ist. Das Amt, das in erster Line aus der Fürsorge für die Witwen entstanden ist, führt dazu, dass die Witwen, die von anderen Verpflichtungen frei sind, fürsorgende Dienste für andere übernehmen. Denkbar ist die Fürsorge für andere (1 Tim 5,9) im diakonischen Bereich, z. B. das »Soziale Jahr ab 60« oder der Dienst der »grünen Damen«, den auch Männer versehen. Darunter ist die ehrenamtliche Versorgung von Kranken im Krankenhaus zu verstehen, wichtige kleine Handgriffe, wie das Telefon anschließen zu lassen, Sprudel zu besorgen, Nachrichten an Verwandte weiterzuleiten, werden dabei verrichtet.

Segnungs- und Fürbittauftrag

Wohl sieht Mose das gelobte Land, in das sein Volk ziehen wird, nicht mehr (Dtn 32,49.52), er sieht aber über die unmittelbare Zukunft hinaus; durch Segnung und Fürbitte des Mose partizipiert das Volk an der »Weitsicht«, die Gott ihm schenkt.

Die Aufgabe der Altgewordenen ist es, Gottes Segen durch Handauflegung weiterzugeben (z. B. Isaak und Jakob), sodass Segen vom alten Menschen in die Mitwelt ausgehen kann.

Die biblischen Schriften zeigen eine differenzierte Sicht des alten Menschen. Negativerfahrungen der Altwerdenden kontrastieren mit dem Anspruch auf besondere Würde, Befähigung und Lebensqualität. Nicht zuletzt sind die Seelsorge und Fürbitte, die die Aufgabe der ganzen Gemeinde ist, zu erwähnen.

Die Fürbitte kann von Menschen in besonderer Weise wahrgenommen werden, wenn ihnen andere Möglichkeiten verwehrt sind.

Der theologische Befund zeigt, dass gerade auch das Alter Aufgaben für den Menschen im Leben bereithält. Nicht selten muss in einem gemeinsamen Gespräch nach den für diesen Menschen eigentlichen Aufgaben, die »gerade jetzt dran sind«, gefahndet werden. Die Möglichkeit, sie zu erkennen, kann dadurch behindert sein, dass der Mensch sich zu sehr mit seinen eigenen Alterungsprozessen beschäftigt.

Folgende Beratungsschritte ergeben sich aus dem Gespräch von Logotherapie und Theologie:

Die seelsorglichen Beratungsschritte *Bewusstmachung, Bewahrung, Bewältigung, Beziehung, Befreiung und Befähigung*[24] werden im Folgenden kurz erläutert. Diese Schritte müssen nicht in dieser Reihenfolge ablaufen, es können sich Verschiebungen ergeben oder auch zwei Phasen auf einmal durchlaufen werden. Auch wenn das Modell nach Stufen und Phasen aussieht, ist es nur als Anregung für einen möglichen Verlauf gedacht. Menschen brauchen ihre individuelle Verarbeitung, die sich nicht in Phasen und Verläufe pressen lässt. Allerdings ist ein Raster, ein Schema im Kopf des Menschen, der einen anderen seelsorglich begleitet, sicher hilfreich.

In einer ersten Gesprächsphase wird es darum gehen, das Erleben der Situation des alten Menschen aufzunehmen und Klage zuzulassen. Die Erfahrung zeigt, dass viele Alte den Verlust von Vergangenem bewältigen müssen. Dies wird als Ausgangssituation für die Einzelseelsorge vorausgesetzt. Dabei geht es nicht darum, in Larmoyanz zu verfallen, sondern durch die Wahrnehmung der negativ erlebten Aspekte im Alter und der damit verbundenen Trauer über den Verlust der früheren Möglichkeiten für eine neue Sichtweise der Vergangenheit frei zu werden. Damit verändert sich auch der Blick auf das zukünftige Leben. Die Offenheit für neue Möglichkeiten in dieser Stufe wird dort größer sein, wo Menschen sich bewusst auf das kommende Alter einstellen und Abschied nehmen von der vorausgegangenen Phase.

24. Vgl. H. Gärtner, Und wenn sie alt werden, werden sie dennoch blühen. Ein Beitrag zu Grundfragen kasuellen Handelns der Kirche unter besonderer Berücksichtigung der Seelsorge mit alten Menschen, exemplarisch dargestellt an der Alterskasualie Goldene Konfirmation, Aachen 1997.

Dem Abschiednehmen von Fähigkeiten oder anderen das vorhergehende Leben bestimmenden Funktionen dient also der erste Gesprächsgang. Eine Ausdrucksform der Trauer kann die Klage sein, die zur Annahme der jetzigen Situation führt und hilft, das Noch-Vorhandene wertzuschätzen. Der seelsorgliche Schritt in diesem Gesprächsgang führt zur *Bewusstmachung* der Lebenssituation, die nicht mehr vom traurigen Blick in die Vergangenheit getrübt ist, sondern durch die Schau auf die Möglichkeiten, die noch vorhanden sind, und damit in Blick auf die Zukunft erhellt wird. Der »Eigen-Wert« des Alters kann erkannt und gewürdigt werden.

Diese neu gewonnene positive Lebenshaltung, gemeint ist hier, dass das Leben als Geschenk erlebt wird und der Mensch dankbar ist, gilt es rückzubinden und zu stabilisieren. Die *Bewahrung* des Menschen durch Gott, die bleibende *Beziehung zu ihm* und die Unendlichkeit des menschlichen Wertes, der unabhängig von Alter ist, sind Themen der zweiten Gesprächsphase. Es ist möglich, hier biblische Beispiele aufzugreifen, z. B. Lk 2, Hanna und Simeon. Vielleicht werden neue Aspekte für den Glauben und das Gespräch mit Gott sichtbar.

Erfahrenes wird auf der Folie der Annahme durch Gott neu verstanden, unerklärbare Lebensbrüche können angenommen werden, vielleicht sogar in den »geglaubten« Gesamtzusammenhang des Erlebten gestellt werden. Der auf sich selbst fixierte Mensch erlebt *Befreiung*, der Umbruch, der durch den Eintritt ins Altern spürbar wurde, wird *bewältigt (Befähigung)*. Neue Lebensmuster dürfen ausprobiert werden.

Ein Beispiel können die Bremer Stadtmusikanten sein[25], sie erproben über alle Grenzen hinweg neue Lebensmuster. Alte Tiere, die vom Gnadenbrot leben oder denen die Tötung bevorsteht, tun sich zusammen und zeigen, dass alte Tiere in der Gemeinschaft stark sein und ihr Leben noch gestalten können. Schicksalsgemeinschaft zu bilden bedeutet, eine schwierige Lage leichter ertragen zu können. Der Mensch ist dann nicht mehr so allein, und der Trost, dass es anderen genauso wie uns ergeht, ist allein schon eine gewisse Erleichterung und damit auch Hilfe.

25. In: Die Märchen der Gebrüder Grimm, 10. Aufl., Augsburg 1980, 110-113.

## *Schritte einer Seelsorgebegleitung*

Die sechs Grundschritte seelsorglichen Handelns, 1. Bewusstmachung, 2. Bewahrung, 3. Bewältigung, 4. Beziehung, 5. Befreiung und 6. Befähigung, die herausgearbeitet wurden, korrelieren mit den von Verena Kast eruierten Phasen des Trauerverlaufs[26], die nicht nur im Fall des Todes eines nahen Angehörigen als Reaktionsmöglichkeit verstanden werden können, sondern sich auch in Zusammenhang mit anderen Verlusterfahrungen, wie z. B. Verlassen des Jugend- oder Erwachsenenalters, einstellen können. Sie können sich sowohl im seelsorglichen Gespräch zeigen als auch sich im Ablauf des Gottesdienstes spiegeln.

In der Phase des Nicht-wahrhaben-Wollens leugnet der Betroffene oft den Verlust. Wenn auch in der seelsorglichen Begleitung in dieser Phase eine Hinführung zur Annahme des Geschehenen geboten ist, sollte dies jedoch nicht durch eine direkte Konfrontation mit dem Geschehenen geleistet werden, denn der Trauernde muss den eigenen Weg zur Erkenntnis des Schmerzhaften gehen.

In der Phase der aufbrechenden Emotionen werden Wut und Zorn entladen. Alles wird in Frage gestellt. In der seelsorglichen Beratung wird in diesem Augenblick das Zulassen dieser Gefühle in den Mittelpunkt gestellt. Die Begleitung durch einen anderen Menschen aber demonstriert Bewahrung, macht deutlich, dass Gott diesen Menschen liebt. Damit kann der Gefahr, dass sich Trauernde in ihren Emotionen verlieren, gewehrt werden.

In der Regel schließt sich die Phase des Suchens und Sich-Trennens an. Im Aufsuchen z. B. ehemals gemeinsam erlebter Situationen vergewissert sich der/die Trauernde des Verstorbenen, er kann zu einem neuen inneren Gegenüber werden. Durch diese Suche wird es möglich, den Verlust mit Hilfe von seelsorglicher Begleitung anzunehmen und ihn zu bewältigen, die Entstehung von neuen Beziehungsstrukturen wird vorbereitet.

*Befreiung* und *Befähigung* zu einem neuen Leben in der Zukunft korrelieren mit der Phase des neuen Selbst- und Weltbezuges. Befreit von der Trauer um den vergangenen Lebensabschnitt wird der Mensch fähig, die neuen Aufgaben des Alterns zu sehen und zu tun.

Ähnlich beschreibt U. Böschemeyer[27] fünf idealisierte Gesprächsphasen, die zur Sinnfindung im Alter nach Verlusterfahrung führen sollen. In der ersten

26. Vgl. V. Kast, Trauern, Stuttgart, 1982, 57-71.
27. In: Psychotherapie mit alten Menschen, 1979, 59-73.

Gesprächsphase geht es um die *Akzeptanz des Gewesenen und Bewusstmachung*, dass dies unwiederbringlich vorbei ist. Die zweite Einheit hat die Aufgabe, den Menschen *seinen Wert* z. B. auch ohne Berufstätigkeit erfahren zu lassen. Bewahrungserfahrung wird vermittelt. Im dritten Durchgang werden Anknüpfungspunkte im bisherigen Leben zur Sinnverwirklichung besprochen, *Bewältigung* wird versucht. Die vierte Gesprächsphase eruiert bisher ungelebte Sinnmöglichkeiten im Leben dieses Menschen. Meines Erachtens gehört dazu, dass er eine neue Beziehung zu Gott sucht und dadurch auch eine andere Beziehung zu sich selbst erlangt. Im fünften Gespräch soll die Befreiung zu einem neuen Tun erlebbar werden. In der weiteren Beratung müsste sich m. E. eine längere Begleitung anschließen, die Gewähr leistet, dass der Mensch das, was er erkannt hat, auch umsetzt. Die Konkretion der Befähigung wird dann sichtbar.

Die Aufgaben des Älteren erschöpfen sich nicht nur in der Erledigung dessen, was aus der Rückschau virulent geworden ist. In der Zukunft liegen Aufgaben für den alten Menschen bereit, die dazu geeignet sind, von sich selbst abzusehen. Eine Funktion des Seelsorgegesprächs kann es sein, die spezifischen Lebensaufgaben im Alter dieses Menschen herauszufinden.

## Seelsorgeanlässe

In besonderer Weise wird Seelsorge dann gefragt sein, wenn das Leben »aus den Fugen« geraten ist. Exemplarisch soll Seelsorge mit alten Menschen in den kritischen Situationen, wie z. B. dem Verlust der Gesundheit, in Todesnähe, bei Demenz dargestellt werden.

### *Einschränkung in der Gesundheit*

Krankheit bricht oder schleicht ins Leben ein. Einhalt ist geboten worden und die Frage nach dem Sinn bricht auf.

Ein Beispiel: In der ersten Altersteilzeitphase war er, der Mann Ende 50, als er zu mir kam. Er sah älter aus und kam mit seinem Beatmungsgerät. Er hatte Parkinson. Sein Leben war durch die Krankheit aus den Fugen geraten, seine Frau, fünf Jahre jünger und berufstätig, wusste nicht, ob sie ihn pflegen könne. Seine durch die Krankheit bedingte langsame und bedächtige Art ging ihr auf die Nerven. Er fragte sich, wie seine Zukunft wohl aussehen würde? Auch sein Sohn von 26 Jahren ließ ihn seine Krankheit spüren. Nachdem er durch das Examen gefallen war, war er zu den Eltern zurückgezogen. Er kam zu mir, weil er nicht weiterwusste, es gab Ärger mit Sohn und Frau, und er sah für sich als kranker Mensch in dieser Familie keine Perspektive mehr. Er fragte sich, was Gott ihm mit der Krankheit sagen wolle.

Ehefrau und Sohn waren auch in einer schwierigen Lebensphase. Beim Sohn war es offensichtlich. Er hatte ein seinem vorigen Studium verwandtes Studium begonnen und ließ sich und die Eltern im Unklaren darüber, wann es beendet sein sollte. Auch, so fand der Vater, ließ er keinen Fleiß erkennen. Die Ehefrau war beruflich unzufrieden, sah aber in ihrem Alter keine Chance für eine Neuorientierung. Die Krankheit des Ehemanns und Vaters allerdings überschattete die Familie und bot auf der anderen Seite die Möglichkeit, viele Konflikte daran abzuarbeiten.

Der Sohn hatte starke Defizitgefühle wegen seines »vermasselten« Examens, arbeitete diese aber am Vater ab, indem er ihn spüren ließ, dass er auf Grund seiner Krankheit nicht mehr so leistungsfähig und auf ihn angewiesen sei.

Beachtenswert war die Haltung, mit der der Vater versuchte, mit seiner Krankheit umzugehen. Er nahm sie an und versuchte sein Leben so gut wie möglich »auf die Reihe« zu bekommen. Einer Selbsthilfegruppe hatte er sich angeschlossen. Bei mir wollte er weitere Unterstützung, obwohl er dafür einen längeren Anweg in Kauf nehmen musste.

Mein Ziel war es, ihn zu unterstützen, Versöhnung mit der Krankheit zu ermöglichen.

Da er ausdrücklich nach seiner Aufgabe im Leben fragte und es ihn beschäftige, was Gott ihm mit der Krankheit sagen wolle, schlug ich ihm vor, dass wir uns mit der Jakobgeschichte aus der Bibel (vor allem 1 Mose 32) beschäftigen. Dieser Vorschlag gefiel ihm sehr gut. Wir besprachen die biblische Geschichte und kamen zu folgenden Ergebnissen:

Jakob begegnet dem Dunklen, der dunklen Seite des Lebens, nachdem er vorher auf der Sonnenseite gestanden hatte. Ihm begegnet Gott am Jabbok, an einem Fluss. In dieser Begegnung holt das Dunkle seines Lebens ihn ein. Er muss in der Nacht mit dieser dunklen Macht kämpfen, es ist ein Kampf auf Leben und Tod.

Die Geschichte von Jakob am Jabbok (1 Mose 32,23ff) ist ein Bild für die Erfahrung von Krise. Seine Existenz steht auf dem Spiel. Er erfährt, dass Gott es ist, mit dem er kämpft. Er ringt um den Segen, als Hinkender wird er zum

Gesegneten Gottes. M. Kassel beschreibt Jakob so: »Jakob erscheint in der Versöhnungsszene nicht mehr als der Mensch mit der penetranten Selbstsicherheit, der Lebenserfolg für das Ganze des Menschseins setzt. Er wirkt vielmehr geradezu demütig, als einer, der schmerzhaft an seine Grenzen gestoßen ist, der diese aber als Tor in die ihn umgreifende Dimension des Unbedingten, in die Dimension Gottes hinein erfahren hat.«[28]

»Mit etwas geschlagen zu sein« bedeutet also nicht, sich geschlagen geben zu müssen. Um »neu sehen« zu lernen, ist es notwendig, neue Erkenntnisse über das eigene Leben, evtl. ausgelöst durch Leiderfahrung, zuzulassen. Jakob erfährt, dass er auf Gott angewiesen ist. Allein kann er sein Leben nicht bewältigen, diese Erkenntnis führt zu Reifung und tieferer Erkenntnis seines Daseins. Das Angewiesensein manifestiert sich in der körperlichen Schwäche.

Dem Mann gab die Erkenntnis aus der Jakoberzählung, als Geschlagener ein Gesegneter zu sein, neuen Mut, sein Leben zu ordnen. Er erlebte seine Krankheit jetzt nicht mehr als etwas, wofür er sich schämen müsse, sondern als eine Aufgabe. Aus meiner Sicht bewältigte er seine Situation jetzt schon vorbildlich, allerdings konnte er diese, also meine Sicht, für sich noch nicht annehmen.

Gestärkt nahm er sich nach einer Sitzung vor, das Thema Pflege seiner Person mit seiner Frau in Ruhe anzusprechen und Konsequenzen anzugehen. Ebenso vereinbarte er mit seinem Sohn, dass er in einem Jahr (der Monat wurde festgelegt) auszieht, ob er einen Abschluss hat oder nicht. Er hatte Heilung erfahren, dadurch, dass er sich mit seiner Krankheit aussöhnte und sie als Teil von sich akzeptierte. Er hatte die Aufgabe, mit ihr umzugehen.

Er machte erstaunliche Erfahrungen mit seinem Vorstoß. Seine Frau erklärte ihm, dass sie sich vorstellen könne, ihn bis zu einem gewissen Grad der Pflegebedürftigkeit zu pflegen, und der Sohn sah ein, dass er nicht weiterhin das »Privatleben« der Eltern in dieser Weise belasten dürfe. Dieser Mann hatte ein neues Verständnis seines Lebens durch die Jakobgeschichte erlangt, sein Selbstbewusstsein war deutlich gestärkt worden, dadurch hatte er andere Möglichkeiten in sich selbst aktiviert, um mit seiner Familie zu sprechen.

28. M. Kassel, Biblische Urbilder, 2. Aufl., München 1980, 279.

## *Sterben*

Trotz der Entwicklung der letzten 20 Jahre und dem Erstarken der Hospizbewegung ist das Thema Sterben noch immer ein Tabuthema. Wie können wir Sterbende begleiten auf ihrem letzten für uns sichtbaren Weg? Im anschließenden Protokoll wird ein Gespräch mit einen Sterbenden wiedergegeben. Der Besuchende wusste zu Beginn nicht, dass der Mann im Sterben lag.

Es handelt sich um einen Besuch bei einem 75-jährigen Mann, dem beide Beine amputiert wurden und der fast blind ist. Der Mann wohnt noch nicht lange in der Gegend. Er hat fast sein ganzes Leben in Amerika gewohnt und ist erst seit einigen Jahren wieder in Deutschland. Er lebte bisher bei einem Verwandten, jetzt liegt er im Krankenhaus. Der Mann freut sich, dass er besucht wird.

Er erzählt sehr langsam, aber viel über seine Jahre in Amerika und wie glücklich er dort war. Jetzt aber ginge es ihm schlecht und seit seiner Rückkehr nach Deutschland hätte er nur mit Krankheiten zu tun gehabt.

S: »Ja, es war eine schöne Zeit in Amerika. Aber jetzt, wer weiß, was kommen wird.« (Herr S. greift zur Schnabeltasse und trinkt. Die Tasse ist leer und Herr S. läutet nach der Schwester. Es kommt niemand. Herr S. läutet ein zweites Mal. Es kommt niemand.)

H: »Soll ich Ihnen Wasser holen?«

S: »Ja, bitte.« (Der Besucher geht aus dem Zimmer und holt in der Station Sprudelwasser. Dann hilft er Herrn S., das Wasser zum Munde zu führen.)

Herr S. erkundigt sich dann nach der persönlichen Situation des Besuchers. Er will wissen, ob er verheiratet ist, ob er Kinder habe usw. Herr H. erzählt ihm seine familiäre Situation, die Jahre seines Studiums auf verschiedenen Unis usw. Herr S. will auch wissen, ob er schon in Amerika war. Herr S. wird lebendiger, als er erfährt, dass er auch schon in Amerika war. Ungefähr nach einer halben Stunde will der Besucher sich verabschieden. Er leitet dies folgendermaßen ein:

H: »Wenn Sie unser Gespräch zu sehr anstrengt, dann gehe ich für heute und komme wieder.«

S: »Nein, es strengt mich gar nicht an. Ich kann nur nicht so schnell reden.« (Längeres Schweigen) »Ich habe Angst, dass Sie weggehen und mich alleine lassen. Am besten wäre es zu sterben. Ich habe auch solche Schmerzen. Wie viel Uhr ist es?«

H: »Es ist 15:50 Uhr.«

S: »Ich habe nichts mehr zu verlieren. Meine Verwandten besuchen mich kaum. Ich bin sehr einsam. Ab und zu kommen die Schwestern. Einige quälen mich. Es ist gut, dass Sie da sind. Wie viel Uhr ist es?« (Mittlerweile kommen die Schwestern und wollen das Bett machen. Herr H. bittet die Schwestern, noch ein paar Minuten zu warten. Sie sind auch bereit dazu. Er beschließt, bevor er geht, mit Herrn S. den 23. Psalm zu beten.)

H: »Herr S., ich muss jetzt gehen. Ich werde aber morgen wieder zu Ihnen kommen. Ich möchte gerne den 23. Psalm mit Ihnen beten.«

S: »Ja, bitte kommen Sie wieder.« (Herr S. lässt nicht erkennen, ob er mit Herrn H. den 23. Psalm beten will.)

H: »Der Herr ist mein Hirte … Amen. Auf Wiedersehen, Herr S.« (Herr S. stirbt in der gleichen Nacht.)

Herr H. besucht einen Schwerkranken, einen Sterbenden. Ein Gespräch zieht sich über eine halbe Stunde. Herr H. hatte sich wohl vorgenommen, nach 30 Minuten aufzubrechen. Das teilt er Herrn S. aber nicht mit. Er fragt ihn, ob ihn das Gespräch zu sehr anstrenge, obwohl es dafür im aufgezeichneten Gesprächsverlauf keine Hinweise gibt. Die Reaktion kommt prompt: Er hat Angst, dass Herr H. ihn alleine lässt. Plötzlich wünscht er sich den Tod und fühlt auch seine Schmerzen, die er vorher im Gespräch wohl auf die Seite schieben konnte. Alle Sätze kommen schnell hintereinander, so als wenn er sich bewusst sei, dass er kein Anrecht hat, Herrn H. dazubehalten.

Vom Gesprächsverlauf bietet es sich an, das nahe Ende, das der Sterbende zuvor thematisiert, in der Frage nach der Zeit symbolisch ausgesprochen zu sehen.

Bei dieser Gesprächssequenz wäre es denkbar gewesen, die Frage nach der Uhrzeit übertragen zu verstehen und folgendermaßen zu reagieren: »Haben Sie das Gefühl, dass es schon spät ist?« Herr S. hätte dann diesen Faden vielleicht aufgegriffen und seine Ängste mitgeteilt.

Das Sterbethema hätte in diesem Gespräch auch folgendermaßen aufgegriffen werden können. Herr S. sagt: … (Längeres Schweigen) »Ich habe Angst, dass Sie weggehen und mich alleine lassen. Am besten wäre es zu sterben. Ich habe auch solche Schmerzen. Wie viel Uhr ist es?«

»Die Schmerzen sind für Sie unerträglich, so schlimm, dass Sie sterben wollen.« Nun hat der Patient die Möglichkeit, weiterzusprechen. Entweder bestätigt er, dass die Schmerzen die Auslöser für den Todeswunsch sind, oder aber er gibt weitere intime Gedanken über sich und seinen Wunsch zu sterben preis.

Etwas später versucht Herr S. noch einmal seine Angst zu formulieren: Er hat nichts zu verlieren. Herr H. hat dem Psalm 23 als »Trostpflaster« zu bieten, er trägt ihn vor, ohne zu wissen oder ohne wissen zu wollen, ob es gewünscht wird.

Wenn man einen Sterbenden besucht, ist es sinnvoll, Zeit für ihn zu haben, vor allem wenn er Themen, die ihn vital betreffen, anspricht. Vielleicht kann man ein wenig Angst tragen helfen und Beistand leisten. Das Gespräch ist typisch. Als das Thema »Sterben« angesprochen wird, hat Herr H. keine Worte. In der Begleitung von Sterbenden sind die Menschen, die zu Besuch kommen und nicht zur Familie gehören, oft die einzigen, die aushalten können, wenn das im Raum stehende Thema »Sterben« angesprochen wird. Es ist gut, wenn der Mensch, der Sterbende begleitet, das Thema »Tod« aushalten kann, wenn es angesprochen wird.

Panik und Angst vor dem Tod können Menschen plagen. In der Beratung einer 75-Jährigen, die zur Belastung für Pflegende und Angehörige geworden war, wurden in einer Sitzung nachhaltige Erfolge erzielt.[29] Der Berater stellt die Dame in die Verantwortung, indem er ihr sagt, dass er ihr die Angst vor dem Tod nicht nehmen kann. Sie liegt in ihr. Die alte Dame reagiert, indem sie sagt, dass sie das weiß, aber sie wisse auch nicht, was sie machen solle. »Der Tod steht im Zimmer, immer wenn keiner da ist.« – » Wenn der Tod im Zimmer ist, dann sprechen sie doch mit ihm!« Sie ist verblüfft und fragt nach. »Was würden sie ihm sagen – versuchen Sie es einmal«. »Ich habe Angst, ich will noch nicht.« »Was macht der Tod?« »Er antwortet nicht.« »Stellen Sie sich vor, sie sind der Tod, was würde er sagen?« »Du entgehst mir nicht, auch wenn du dich noch so sträubst.« Die Frau weint: »Ja, auch mich holst du.« Der Besucher leitet die Frau an, wieder in die Rolle des Todes zu schlüpfen und zu überlegen, was der Tod jetzt sagt. »Ich komme schon bald zu dir, das weißt du. Ich dränge dich nicht, aber ich bin dir sehr nah.« Die alte Dame weint, wird aber ruhiger und zitiert versöhnliche Verse zum Tod: »Gib deine Hand, du schön und zart Gebilde …« Die Frau wird ganz ruhig und in der nächsten Zeit durch die Ängste auch nicht mehr gequält. Sie ist drei Monate später ruhig in den Armen der Tochter gestorben. Diese gelungene Intervention zeigt, dass die Angst vor dem Tod nicht genommen werden kann, aber

29. Psychodrama, Therapeutisches Theater und Gestalt als Verfahren der Interventionsgerontologie und Alterspsychotherapie, Hilarion Petzold, in: Psychotherapie mit alten Menschen, Paderborn 1979, 243f.

so etwas wie »Anfreundung«, Versöhnung mit dem Schicksal, mit dem Tod durch beratende, seelsorgliche Begleitung möglich ist. Die seelsorgliche Dimension in diesem Gespräch ist die Versöhnung mit dem Tod.

### *Demenz*

Seelsorge bei Demenzkranken hat im Unterschied zur Beratung einen eigenen Stellenwert. Sie wird in ihrer Unterscheidung zur Beratung an dieser Stelle in gebotener Kürze behandelt. Grundsätzlich gilt für die Seelsorge auch das, was für die Beratung gilt: Annahme, Zuwendung zeigen, nicht korrigieren, in die Welt des anderen »hineinkrabbeln« (siehe Kap. 5, Seite 96f.).

Mit Hilfe von alten Fotos oder Gegenständen kommen Sie in das Gespräch mit dem verwirrten Menschen. Eine gute Idee ist, ein altes Nähkästchen mitzubringen und über dieses das Gespräch zu suchen: Auf den Menschen eingehen, seine Gefühle annehmen und selbst Gefühle zeigen, helfen, um den anderen zu erreichen. Dabei sind Zuwendung und Nähe in geeigneter Art und Weise gefragt. Der Rückgriff auf traditionelle Lieder, Gebets- oder Bibeltexte vermittelt dem verwirrten Menschen das Verstehenwollen und er erkennt einzelne Worte wieder, an denen er sich vielleicht festmacht. Einige Kirchengemeinden haben Texte von Liedern und Gebeten zusammengestellt, die aus der Besuchserfahrung heraus den Älteren bekannt sind. Gebete und Lieder sind zusammengestellt in: Klaus Depping, Altersverwirrte Menschen seelsorgerlich begleiten, Hannover 1993. Das kann sehr hilfreich sein. Oft ist es gut, vor dem Weggehen das Vaterunser zu beten.

Das Abendmahl kann von vielen Verwirrten oft in erstaunlicher Andacht und Ruhe angenommen werden, es vermittelt mehr als jedes Gespräch. Das Ritual, auch einzelne Texte werden erkannt und evtl. mitgesprochen, Wiedererkennen, geistige Heimat und Geborgenheit werden vermittelt.

## Seelsorgethemen

Folgende grundsätzliche Überlegungen zu wesentlichen Themen der Seelsorge sollen befähigen, diese Themen in der Seelsorge anzusprechen, um Glauben und Vertrauen bei alten Menschen zu fördern.

## *Gebet*

Dem Gebet unabhängig vom Alter Raum im Leben zu geben bedeutet, die Tür zu einer anderen Welt zu öffnen, zu jener Welt, der wir im Alltag kaum Raum geben. Es ermöglicht den Dialog mit Gott. Durch das Beten können wir diese andere Welt, die Welt der Ruhe, der Gelassenheit und der Gottesnähe in uns hineinlassen.

Es gibt unterschiedliche Auffassungen darüber, was ein Gebet ist. Augustinus verstand das Gebet als Rede zu Gott. Der einzelne Mensch oder die Gemeinschaft setzt sich in Beziehung zu Gott, dem letzten Grund des Seins. Die Rede zu Gott setzt das »Du« auf der anderen Seite voraus. Gott wird dabei häufig menschlich gedacht. Er wird als Gesprächspartner verstanden, der auch um entsprechende Reaktionen gebeten werden kann. Dieses eng geführte personale Gebetsverständnis hat jedoch häufig zu Missverständnissen geführt. Das Gebet wird dabei wie ein Automat verstanden. Man investiert ein Gebet und erwartet genau die Gegengabe, die man sich wünscht. Ein Gebet ist aber kein Geschäft auf Gegenseitigkeit. Denn Gott, den wir mit dem Gebet auffordern oder bitten, dass er uns etwas gebe oder sich bei uns etwas ändere, ist ja auch der Geber der Situation, die wir verändern wollen. Auch das, was der Betende als unangenehm erlebt und »wegbitten« will, ist nicht ohne Gott zu denken. Wenn wir beten, verlassen wir uns auf Gott. Vielleicht können wir sowohl die Erfüllung der Bitte als auch die Nichterfüllung als Aufgabe im Leben annehmen. Das Gebet selbst aber hat uns dabei gestärkt und die Richtung gezeigt.

Im Gebet suchen wir die persönliche Nähe zu Gott, beispielsweise in den Worten des Vaterunsers. Hier wird Gott als der Schöpfer, der Vater des Lebens angesprochen. Wir können aber auch zu Jesus beten. In ihm, dem Sohn, zeigt sich die menschliche Seite Gottes. In beiden Fällen ist jedoch die direkte Beziehung zu Gott entscheidend für den Glauben.

Eine besonders intensive Beziehung zu Gott als dem Schöpfer und zu Jesus Christus als dem Auferstandenen hatten Mystikerinnen und Mystiker zur Blütezeit der Mystik im Mittelalter. Ihr Gebetsansatz versteht das Gebet als »Erhebung«, als »Aufstieg zu Gott«. Hier geht es nicht darum, um etwas zu bitten, sondern um Gott selbst wird gebeten. Gott als transpersonale Macht soll in das Leben des Betenden eingehen oder den Betenden zu ihm hinaufziehen.

Von den mittelalterlichen Mystikerinnen und Mystikern sind viele Gebets- und Erhebungserfahrungen überliefert, zum Beispiel von Hildegard von Bingen (1098-1179). Ihr begegnete Gott als das allumfassende Licht, als Kraft und

Wesen, mit dem sie verschmolz. Auch heute erleben Menschen in lebensbedrohlichen Situationen, dass ihnen Lichterscheinungen zur Seite stehen.

Was ist ein Gebet? Ein Gebet kann eine Bitte oder ein Wunsch sein, aber ist das alles? Ein Gebet kann alles sein: Ein Lied, eine Anrede, fest gefügte oder freie Worte, sogar das ganze Leben kann ein Gebet sein. Es kommt auf die Haltung, auf die Einstellung zum Leben an. Bin ich alleiniger Manager meines Lebens und verstehe ich mich als rein biologisches Produkt, dann wird es mir schwer fallen zu beten. Wenn ich mein Leben jedoch als Geschenk verstehe, entsteht ein Gefühl der Dankbarkeit. Ich will dem danken, der es mir geschenkt hat. Ich setze damit Gott voraus, egal wie ich ihn mir vorstelle.

Dankbarkeit ist eine religiöse Lebenshaltung. Dazu können gerade alte Menschen ermutigt werden. Wenn man sein Leben als Geschenk versteht oder empfindet, fühlt man sich frei und ist glücklich. Dann begreife ich mein Leben jedoch auch als Aufgabe. Ich habe die Aufgabe, mich und meine Fähigkeiten verantwortungsvoll in diese Welt einzubringen. Im Gebet, im Dialog mit dem, dem ich dieses Leben verdanke, kann ich jeden Tag neu klären, was heute meine Aufgabe in der Welt ist.

Das Gebet hilft im Alltag. Es entlastet und ist Lebensbewältigung. Das Gebet kann dazu dienen, schwer überschaubare Situationen, Hoffnungen und Befürchtungen auszusprechen. Es wirkt dann entlastend. Ein lautes oder stilles Vortragen verworrener oder schwieriger Gedanken ermöglicht Distanz zu sich selbst und verhindert nutzloses Grübeln. Eine Ordnung der Gedanken wird geschaffen. Im Gebet kommt es zu einem inneren Klärungsprozess, indem neue Handlungsalternativen gesehen werden können. Es eröffnet eine neue Welt. Im Gebet kann ich auch das eigene Ich zurücktreten lassen. Ich kann mir deutlich machen, dass fast alles, was geschieht, nicht von mir selbst gemacht wird. Durch Beten bekommt man Distanz zum Alltag und zu seinen Sorgen und Problemen. Es gelingt, innerlich einen Schritt aus diesem Alltag herauszutreten und ihn aus einer Außenperspektive zu betrachten. Damit verliert er die Macht, uns zu vereinnahmen.

Beten befreit: Alles loslassen! Alle Bilder, alle Gedanken, alles, was uns heute geschehen ist, können wir loslassen, abgeben, zu Gott hin. Dann werden wir frei: Die Gedanken, die Erlebnisse von gestern können unseren Geist nun nicht mehr besetzen, so wie sie das immer getan haben. Aber Ballast abwerfen ist nicht alles – wenn wir frei geworden sind, können wir Gott danken.

Beten verändert, es kann zur Annahme der eigenen, vielleicht ungeliebten Situation führen. Wenn ältere Menschen darüber klagen, dass ihr Beten, das oft ein Bitten um etwas ist, nicht erfüllt wird, dass das, was sie sich wünschen, nicht eintrifft, kann durch eine narrative Intervention die falsche Erwartung deutlich gemacht werden, ohne dass es wie eine Zurechtweisung ankommt. Es wird eine Geschichte erzählt, die sich von selbst erklärt und dem, der sie hört, ermöglicht, die eigenen Schlüsse zu ziehen.

Eine Geschichte erzählt, wie ein junger Mann zu einem alten Weisen kam. Er beklagte sich, dass er immer wieder aufrichtig beten würde, aber nichts würde er spüren, nichts würde sich in seinem Leben verändern. Der Weise sprach zu ihm: »Nimm dieses Sieb und gehe zum Wasser und hole Wasser!« Und das tat der junge Mann. Er kam zurück und in dem Sieb war kein Wasser. Ein zweites Mal schickte der alte Weise diesen jungen Mann Wasser holen. Er ging wieder hin und holte Wasser und wie er zurückkam, war kein Wasser im Sieb. Ein drittes Mal tat der junge Mann dies auf Geheiß des Alten. Und der alte Weise sprach zum jungen Mann: »Dies ist ein Sinnbild für dein Gebet. In dem Sieb ist kein Wasser, aber das Sieb ist sauber geworden.« Beten verändert nicht unbedingt unsere Lebenssituation, aber es verändert die Bittenden.

Die gewünschte Arbeitsstelle kommt also nicht »angeflogen«, aber vielleicht werden Sie gelassener und es gelingt Ihnen, genau zu überlegen, was Sie wollen – und das sieht vielleicht ganz anders aus als der erste vordergründige Wunsch.

Beten verändert die Betenden. Durch Beten reift der Mensch oft ganz unmerklich. Es gibt Steinreliefs, die die Abbildung eines Menschen zeigen. Hinter ihm wächst ein Zweig oder Baum. Der Zweig oder der Baum sind das Symbol dafür, dass die Ernte im Rücken, hinter dem Menschen wächst. Um das eigene Wachstum zu erkennen, muss man innehalten und nach hinten schauen, was da gewachsen ist. Es geht eben nicht darum, im Leben Ertrag zu erzeugen, sondern einfach wachsen zu lassen. Beten verändert die Betenden und das kann man nicht immer gleich erkennen. Die persönliche Ernte ist also nicht, was ich z. B. meinen Kindern alles an Materiellem vererben kann, sondern was aus meinem Leben, auf dem Weg mit Gott in meiner Zeit aus mir geworden ist. Nur mich selbst werde ich mitnehmen auf dem letzten Weg. Eben das aber ist es, was ich selbst geworden bin. Das kann ich nicht sehen, es ist aber da.

Das Gebet befähigt zum Handeln. Oft haben alte Menschen das Vertrauen in sich selbst und ihre Möglichkeiten verloren. Wenn das so ist, kann man sie zum Beten ermutigen, weil das Beten sie stärkt. Durch eine Geschichte kann der Zusammenhang von Beten und Handeln deutlich gemacht werden. Es wird erzählt, dass zwei Bauern mit voll geladenen Karren einherkamen. Die Wege waren verschlammt und beide Karren fuhren sich fest. Einer der beiden Bauern war sehr fromm, er fiel sofort im Schlamm auf die Knie nieder und begann, Gott zu bitten, ihm zu helfen. Er betete und betete ohne Unterlass. Der andere schimpfte entsetzlich über das Unglück, versuchte aber, den Karren aus dem Dreck zu ziehen. Er betete leise, Gott möge ihm die Kraft geben, den Karren herauszuheben. Er suchte sich Zweige und Blätter und Erde zusammen und versuchte, den Karren herauszuziehen. Da stieg ein Engel aus der Höhe nieder. Zur Überraschung der beiden ging er zu dem Menschen, der geschimpft und gearbeitet hatte. Darauf wendete der andere verwirrt ein: »Entschuldige, das muss ein Irrtum sein! Ich habe dich doch hernieder gebetet, komm mir zu Hilfe!« Aber der Engel sagte: »Nein – die Hilfe gilt dem anderen. Gott hilft dem, der betet und arbeitet.« Das Gebet hilft zu handeln!

Aber »mein eigenes Gebet wurde im Laufe meines Lebens immer leiser, bis es heute fast nur noch in meiner wortlosen Gegenwart vor Gott besteht, einem wortlosen Hören auf das, was Gott redet, und einem wortlosen Nachsprechen dessen, was Gott mir sagt. Anwesend sein vor Gott ist im Grunde schon das Ziel«[30], so beschreibt Jörg Zink die Möglichkeit, im Gebet sich selbst zu vergessen und über sich hinaus zu transzendieren. Das kann gerade sehr alten Menschen helfen, die in ihren Möglichkeiten sehr eingeschränkt sind. Das Leben lohnt sich, auch wenn ich »nur« noch mit Gott kommunizieren kann. Vielleicht ist das Ziel in der letzten Lebensphase das Anwesendsein vor Gott, wie Zink es formuliert.

## *Schuld*

Menschen fühlen sich schuldig, auch und gerade Menschen in der letzten Lebensphase. Wie kommt das? Und wer lädt uns diese Schuld auf? Sind wir es selbst, die anderen oder Gott?

Für die Schulden, die wir machen, sind wir verantwortlich. Also auch für die Schuld, die wir empfinden? Oder haben wir das Schuldbewusstsein im Elternhaus gelernt, indem wir deren Auffassungen übernommen haben? Oder haben wir Gott als den strengen, alles sehenden Richter kennen gelernt, vor dessen Augen wir nie genügen?

30. J. Zink, Sieh nach den Sternen – gib acht auf die Gassen, Stuttgart 1992, 52f.

Schuldig fühlen wir uns immer dann, wenn wir gegen etwas in unserem Inneren verstoßen, was unser Handeln bestimmt. Es ist unsere interne Gesetzgebung, gegen die wir zu verstoßen meinen, wenn wir uns schuldig fühlen.

Verantwortlich zu handeln bedeutet die eigenen Gesetze zu kennen und nach ihnen zu handeln – was offensichtlich nicht immer gelingt.

Also, es hat etwas mit mir zu tun, wenn ich mich schuldig fühle – meine innere Rechtsprechung hat mich für schuldig erklärt. Wie der Lastesel die Last trägt, so trage ich an der Schuld, die ich selbst zu verantworten habe, mir selbst auferlegt habe.

Manchmal türmt sich Schuld auf Schuld, ein ganzer Berg entsteht und man sieht und spürt nichts anderes mehr als das eigene Schuldigsein. Also, was hat es mit der Schuld auf sich – ist sie selbstverschuldet, ist sie unvermeidbar und düsteres Schicksal, das über einen kommt? Oder schieben wir sie vor uns her, um nichts ändern zu müssen an unserem Leben?

»Ich fühl mich schuldig, deshalb werde ich mich nie mehr richtig freuen können«, sagen oft ältere Menschen zu mir. Schuld belastet. Aber muss das so sein, dass uns unser Schuldigsein so belastet? – Gehört es nicht zum Leben dazu, schuldig zu werden?

Oft ist Schuld auch nicht wieder gut zu machen, sie kann nur vergeben werden, manchmal muss man sich selbst vergeben. Wenn das nicht gelingt, wird Schuld auf Schuld geladen.

Eine orientalische Geschichte erzählt:
»Ein Wanderer zog einen scheinbar endlosen Weg entlang. Er war über und über mit Lasten behangen. Ein schwerer Sandsack hing an seinem Rücken. In der rechten Hand schleppte er einen unförmigen Stein, in der linken einen Geröllbrocken. Um seinen Hals baumelte an einem ausgefransten Strick ein Mühlstein. Rostige Ketten, an denen er schwere Gewichte durch den Sand schleifte, wanden sich um seine Fußgelenke. Auf seinem Kopf balancierte der Mann einen halbfaulen Kürbis. Bei jedem Schritt beklagte er sein hartes Schicksal.

Auf seinem Weg begegnete ihm in der glühenden Mittagshitze ein Bauer. Der fragte ihn: Oh, müder Wanderer, warum belastest du dich mit diesem Felsbrocken? – Zu dumm, antwortete der Wanderer, aber ich hatte ihn bisher noch nicht bemerkt. Darauf warf er die Brocken weg und fühlte sich viel leichter. Wiederum kam ihm ein Bauer entgegen, der sich erkundigte: Sag, müder Wanderer, warum plagst du dich mit dem halbfaulen Kürbis auf deinem Kopf und schleppst an Ketten so schwere Eisengewichte mit dir rum?

Der Wanderer antwortete: Dank, dir Bauer, jetzt merke ich, was ich mit mir rumgeschleppt habe. Ich habe nicht gewusst, was ich mir damit antue. Und so ging es weiter, bis er lastenfrei durch die Abendkühle wanderte.

Der Wanderer hat gar nicht gemerkt, wie viel Last er sich im Laufe seines Lebensweges aufgeladen hat. Er merkte nur, dass er sich immer schwerer und belasteter fühlte. Sich selbst Lasten und Schuld aufzuerlegen, macht unfähig zum Handeln.

Das Problem von Fehlbarkeit und unbewältigter Schuld kann Menschen bedrücken, sodass Resignation und Verzweiflung sich breit machen. Der/die Seelsorger/in kann hier nach gründlicher Exploration der Problemlage mit dem Älteren zusammen überlegen, welche Möglichkeiten des Umgangs mit der Schuld es gibt. Ist es möglich, noch etwas »gut« zu machen oder etwas nachzuholen? Wenn dies nicht der Fall ist, hat der/die Seelsorger/in sich zu fragen, welche Form der Zusage der Vergebung braucht dieser Mensch, welche kann er annehmen? Wie kann die Lehre von der Rechtfertigung seelsorglich weitergegeben werden?

Der Zuspruch der Vergebung Gottes in der Form, die diesen Menschen erreicht, ist gefragt. Eine symbolische Interaktion ist in diesem Zusammenhang denkbar, die im Bereich der Konfirmandenarbeit erprobt wurde. Nach ausführlichen, klärenden Gesprächen kann die »Schuld« auf ein Blatt Papier geschrieben werden, nur der/die Schreiber/in kennt diesen Text, gemeinsam lässt sich der Zettel über einem Aschenbecher verbrennen.

Ein anderes sinnfälliges Bild für Vergebung: Ein Fesselballon muss Last abwerfen, um Höhe zu gewinnen. Um ein Leben weiter gestalten zu können, ist es wichtig, von dieser Last der Schuld freigesprochen zu werden.

Die Interventionsmethoden des »phantastischen Dialogs«, den die Logotherapie dann vorschlägt, wenn es um Konfliktbewältigung mit jemandem geht, der nicht mehr erreichbar ist, ist eine Bewältigungshilfe. In einem fiktiven Dialog wird das Gespräch mit dem gesucht, dem man etwas schuldig geblieben ist. Der Betroffene nimmt beide Rollen ein. Entschuldigungen nachzuspielen und sie damit auch stückweise nachzuerleben, kann hilfreich sein.

Woher stammt der Begriff »Sündenbock«? Was er meint, ist klar, einer hat die Schuld. Einem wird die Schuld, z. B. weil die Klasse unruhig ist, in die Schuhe geschoben – der war's!!!, heißt es dann. In Israel gab es einen Brauch, der den Menschen half, mit Schuld umzugehen. Einmal im Jahr wurde dem Bock, der im Familienverband lebte, symbolisch die ganze Schuld, die Sünde aufgeladen – und er wurde fortgeschickt in die Wüste. Das ist der Grund, warum wir bis heute vom »Sündenbock« reden. Man wurde dadurch frei zu einem neuen Anfang.

Bis heute hilft es, wenn wir unsere Schuld, unsere Verfehlungen mit jemandem teilen, sie jemandem mitteilen, wie z. B. bei der Beichte oder in der Beratung. Der andere, der zuhört, trägt mit und kann evtl. »entschulden« und damit entlastend wirken. Das kann die Aufgabe in der Beratung und Begleitung Älterer sein. Aber auch im Gottesdienst beim Abendmahl, in der Eucharistie wird die Vergebung der Schuld deutlich: Uns wird zugesagt, dass uns vergeben wird und dass wir frei werden zu einem neuen Anfang mit Gott und den Menschen.

## *Vergebung*

»Das verzeihe ich dir nie«, wenn dieser Satz ausgesprochen oder eher ausgestoßen wird, steht er wie eine unüberwindliche Mauer zwischen Menschen. Der, der diesen Satz sagt, ist verletzt worden. Und mit den Worten »das verzeihe ich dir nie«, schließt er sein Herz zu. Groll, Wut und Verletzung bewahrt er im abgeschlossenen Herz auf. Derjenige, der verletzt hat, kommt nach diesem Satz nicht mehr an den anderen heran. Da kann er machen, was er will. Er muss mit seiner Schuld leben. Nichts kann er wieder gut machen, er hat den anderen verletzt und ein tiefer, unüberbrückbarer Graben ist aufgerissen.

Vergeben aber ist ein wichtiger seelischer Vorgang. Die Menschen, die nicht vergeben können, belasten auch sich selbst. Sie tragen schwer an den seelischen Wunden, die die anderen ihnen zugefügt haben. Die Wunden heilen nicht. Die Vorbehalte dem anderen gegenüber steigen und bei jeder neuen Begegnung mit dem Verletzten wird eine weitere Eintragung in sein Sündenregister fällig. Deshalb ist vergeben zu lernen eine wichtige Lebensaufgabe.

Was ist eigentlich Vergeben, was bedeutet das genau? Wenn ich vergebe, verändere ich mich. Ich verändere meine Gedanken, meine Haltung zu der Person, von der ich mich verletzt oder beeinträchtigt fühle. Und zwar die Gedanken, die sagen, der oder die ist an allem schuld. Auch die Fantasien, wie man sich rächen könnte, treten dann in den Hintergrund und beherrschen uns nicht mehr. Vergeben bedeutet Ent-Schuldigen. Das meint, einen anderen von seiner Schuld zu befreien. Man rechnet sie ihm nicht mehr an und trägt sie ihm nicht mehr nach. Man befreit sich selbst aus der Abhängigkeit vom anderen.

Vergeben bedeutet aber nicht verdrängen. Verdrängen bedeutet, etwas in den Hintergrund drücken und es damit sozusagen hinter die Kulissen zu schieben. Aber dort im Hintergrund sind dann alle Gefühle noch vorhanden. Dort bin ich noch wütend, verletzt und klein gemacht. Diese Gefühle drängen dann plötzlich und unangekündigt nach vorne und ich weiß nicht, wo sie herkommen. Etwas verdrängen heißt noch lange nicht, es auch zu vergeben. Beim Vergeben werde ich als Verletzte, als die, die sich beeinträchtig fühlt, aktiv. Bisher war nur der andere aktiv und hat mir etwas angetan. Nun handele ich: Ich vergebe. Das hört sich sicher leichter an, als es getan ist.

Wenn man vergeben will, so ist das Arbeit. Das geht nicht mit einem Fingerschnippen. Viel zu viele Gefühle stecken dahinter. Ich muss meine Enttäuschung und meine seelischen Schmerzen, die der andere ausgelöst hat, bewältigen. Ein erster Schritt ist für mich, dass ich alles zulasse, was da hochkommt. Ich gestehe mir zu, wie sehr mich doch alles getroffen hat. Vielleicht hilft Ihnen Folgendes, um vergeben zu lernen: Sprechen Sie mit sich selbst, lassen Sie heraus, was sich drinnen angestaut hat, machen Sie ihr Herz, wie man sagt, zu keiner Mördergrube. Lassen Sie Luft ab, damit nichts überkocht. Vielleicht können Sie jetzt ruhiger an die unangenehmen Situationen von damals denken und vergeben. Nämlich deshalb dem anderen vergeben, weil es Ihnen gut tut und Sie dadurch frei werden.

Vergeben ist ein wichtiger seelischer Prozess. Manchmal wird das Sterben eines Menschen verhindert, weil er nicht vergeben kann, weil er seine Wut und seine Verletzungen nicht loslassen kann. Eine Lebensaufgabe ist es, verzeihen zu lernen. Es dient der Lebensbewältigung und dem befriedigenden Zusammenleben von Menschen. Vergeben wurde in den letzten Jahrzehnten sowohl in der Psychotherapie als auch in der Seelsorge vernachlässigt. Das ist erstaunlich, denn gerade das Christentum betont, wie wichtig Vergeben ist: »Und vergib uns unsere Schuld, wie auch wir vergeben unseren Schuldigern«, so lautet die Bitte aus dem Vaterunser.

Es scheint schlichtweg vergessen worden zu sein, wie wichtig es für das eigene Leben ist zu vergeben. Hängt das vielleicht daran, dass auch vergessen wurde, wie wichtig eine Beziehung zu Gott ist? Menschen, die an Gott glauben, denen fällt es leichter zu verzeihen. Das haben mehrere psychologische Untersuchungen gezeigt. Wer an Gott glaubt, weiß, wie nötig er selbst Vergebung hat. Er erfährt, dass ihm verziehen wird. Der Mensch, der an Gott glaubt, hat einen Vorsprung. Er weiß, ihm ist vergeben, so kann er auch vergeben.

Das hilft ihm zu einem guten und freien Leben, das ermöglicht immer wieder, dass er neu auf Menschen zugeht.

Vergeben ist ein wichtiger seelischer Vorgang. Entscheidend ist die Frage, wie Menschen begleitet werden können, um sich und anderen zu vergeben und ein Leben in Frieden zu führen.

Die folgenden Schritte zum Vergeben dürfen nicht als »Rezeptbuch« missverstanden werden. Nach dem Motto, wenn eins nach dem anderen befolgt wird, muss es klappen. Die Schritte sind eine Zusammenfassung von Aspekten, die in der Seelsorge bedacht werden können. Der Prozess des Vergebens ist ein komplexes Reifungsgeschehen, das Zeit und Geduld braucht.

Wichtige Aspekte des Vergebens in der Seelsorge:

- Grundsätzlich sollte versucht werden, den, der verletzt hat, auch als Geschöpf Gottes anzusehen, als Bruder, als Schwester.
- Vergebung hat etwas mit mir zu tun, es ist ein personaler Akt, es liegt in meiner Hand, ist meine Entscheidung. Damit gilt der Satz: »Ich kann das nicht!« nicht. Denn wie gesagt, wenn ich vergebe, werde ich aktiv. Bisher war nur der andere aktiv und hat mir etwas angetan. Nun handele ich: Ich vergebe.
- Um zu vergeben, brauche ich den, der mich verletzt hat, nicht. Er muss nicht Besserung geloben, sich nicht entschuldigen etc; er hat getan, was er getan hat. Ich bin verletzt worden, habe mich verletzen lassen – und nun kann ich das ändern.
- Vergebung ist eine Form der Selbstheilung. Es ist manchmal die einzige Möglichkeit, um alten Ärger und Groll loszulassen und vorwärts sehen zu können.

Die Schritte im Einzelnen:

- Der Gekränkte tritt aus der Opferrolle heraus, das wird mit Hilfe der Gespräche möglich, weil er seine innere Stärke und den Glauben an sich wieder gefunden hat.
- Verletzung, Schmerz dürfen losgelassen werden. Auch dazu können wir Menschen ermutigen. »Du darfst leben, du darfst dich freuen.« Das mag so einfach erscheinen, aber es ist für manche nicht so einfach. Es gibt Menschen, die meinen, sie müssen leiden und Verletzungen festhalten.
- Helfen Sie mit bei der Erkenntnis, dass wir nicht die »letzte Instanz« sind, die zu richten hat.

- Kann der, der nicht vergeben kann, erkennen, dass das, was ihn verletzt hat, vielleicht gar nicht so außergewöhnlich ist, kann er es für sich selbst relativieren? Das bedeutet, dass ich mich nicht selbst zum Maßstab aller Dinge machen muss – da gibt es jemand anderen!
- Verzicht auf Entschuldigung und auf Wiedergutmachung wirken Wunder.
- Kann Aggression und Rachedenken losgelassen werden?
- Kann auf Schuldigsprechen und Recht haben wollen verzichtet werden?
- Kann sich der Betroffene mit Selbstdistanz und Humor betrachten?
- Am Ende der Seelsorgegespräche kann er erkennen, dass er der Vergebung bedarf und frei wird.

### *Trauer*

Trauer tut weh, sie ist die Reaktion auf einen Verlust und ein Zeichen für einen Veränderungs- und Wandlungsprozess. Es ist schwer, einen geliebten Menschen zu verlieren, das macht einsam. Und der Trauernde leidet nicht nur unter dem Verlust des Angehörigen, er fühlt sich auch aus dem Bekannten- und Freundeskreis wegen seiner Trauer ausgegrenzt. Und nicht selten fühlt er sich auch von Gott verlassen. Trauer braucht Zeit, das Leben, der Alltag müssen neu definiert, neu eingerichtet werden. Die vollständige Neudefinition des Lebens muss mit Hilfe der Trauer geleistet werden.

Die Berührung mit Sterben, Tod und Trauer macht Menschen zu Außenseitern. Mit ihnen und deren Themen will man nichts zu tun haben: »Der Tod findet woanders statt.«

Oft ist der Besuch eines Trauernden bedrückend. Der Angehörige ist dunkel gekleidet und ernst, manchmal verweint. Die Wohnung des Angehörigen wirkt verlassen, in der Zimmerecke ist oft so etwas wie ein »Hausaltar« mit Bildern des Verstorbenen aufgestellt. Trotzdem ist ein solcher Besuch sehr sinnvoll und oft auch erwünscht. Die Kraft der Trauernden reicht nicht, sich aufzumachen und die Gemeinschaft von anderen Menschen aufzusuchen. Ihr Leben ist aus den Fugen geraten, nichts ist mehr in Ordnung.

Es gibt wenig Verhaltensweisen oder Rituale im Zusammenhang mit Tod und Trauer. Das unterscheidet uns von anderen Ländern, die Rituale oder Institutionen wie die »Klageweiber« kennen. Oft wird ein Trauerbesuch nicht gemacht, weil wir nicht wissen, wie wir uns verhalten sollen und Angst haben, etwas falsch zu machen. Umso wichtiger ist es, trotzdem einen Trauernden zu besuchen und nicht etwa aus Unsicherheit nicht hinzugehen. Wenn wir etwas falsch machen, wird uns der Trauernde sicher irgendwann verzeihen, wichtig ist zunächst einmal die tatsächliche Zuwendung in Form des Besuchs.

Folgende Trauerphasen werden unterschieden:

- Zuerst reagieren die meisten Menschen *schockiert.* Auf die Nachricht, dass ein Angehöriger verstorben ist, wird mit Leugnung, »das ist nicht wahr, das kann nicht stimmen«, reagiert. Dieser Zustand kann dazu führen, dass sich ein Trauernder beim Begräbnis in einer heiteren Stimmung befindet. Es ist die Zeit der »Verrückt-heiten«.
- Danach macht sich die *Wut,* die Enttäuschung und der Ärger, verlassen worden zu sein, Platz. Anklagen gegen Gott und die Gesellschaft werden formuliert.
- Viele sind in der Zeit des Begräbnisses in der *kontrollierten* Phase, sie können den Zorn und die Wut im Zaum halten und sind zu einem Trauergespräch in der Lage oder für einen Trauerbesuch zugänglich.
- Ganz langsam beginnt der Prozess der *Gewöhnung* an die neue Situation, oft begleitet von einem längeren Rückzug von Bekannten und Freunden. In dieser Zeit ist es wichtig, den Kontakt mit dem Trauernden zu halten und ihn zu besuchen. Die Gefahr, in eine Depression abzurutschen, ist gegeben. Auf Tage großer Beherrschung und Disziplin folgen Tage des Sich-gehenlassens, der Anklage und der Tränen.
- *Sich-wieder-öffnen* ist die Abschlussphase des Trauerprozesses. Der Trauernde weiß, das eigene Leben ist nicht zu Ende, es muss und es soll gelebt werden. Er nimmt neuen Kontakt zur »Außenwelt« auf. Der Verstorbene ist ein Stück weit in die eigene Person integriert. Auch in dieser Phase sind Rückschläge möglich, z. B. an Geburtstagen des Verstorbenen oder am Todestag.

Ein Blick in die Bibel zeigt, wie Menschen trauern, weil sie einen Verlust erleiden. Trauer wird in der Bibel selbst vielfältig geschildert. Sie ist so vielfältig, wie die Menschen verschieden sind. Aber auch Gott wird immer wieder als Trauernder geschildert.

Alttestamentliche Trauer vollzieht sich in festen, klar umschriebenen und kollektiv vereinbarten Riten. Diese helfen, die schmerzlichen Empfindungen auszudrücken und durch die in der Gemeinschaft anerkannten Bewältigungsmuster, die Riten, »in Schach« zu halten.

Sara stirbt, und Abraham trauert um sie. Er klagt über sein Schicksal, das ihn mit diesem Tod getroffen hat, und er weint (Gen 23,2). Lautstarkes Klagen und Weinen sind anerkannte Trauerformen, die auch von »berufsmäßigen« Klagefrauen unterstützt wurden. Dem Schmerz konnte Raum gegeben werden, der Mensch hatte die Möglichkeit ihn herauszuschreien, den Gefühlen freien Lauf zu lassen.

Danach ist das praktische Handeln gefragt. Die Beisetzung erfolgt unter Teilnahme der ganzen Sippe, die Erfahrung des Zusammenhalts, der Gemeinschaft spendet Trost. Abraham erwirbt ein Grab (Gen 23,3). Sara wird in einem Familiengrab in der Höhle in Machpela begraben, ihr Grab ist der erste Landbesitz der Familie und gewinnt entscheidende Bedeutung. Es ist ein Sinnbild für das Land, das Abrahams Nachkommen gehören wird.

Kein Grab zu haben (z. B. wie Isebel, 2. Kön 9,37) ist Verlust der Identität, der persönlichen Geschichte. Nach Saras Tod beginnt ein anderes, ein »neues« Leben für Abraham, er regelt vieles neu, z. B. heiratet er wieder. Die vorgeschlagene Unterscheidung von Trauerphasen lässt sich auch in der Erzählung von Abraham nachverfolgen:

- Klagen und Weinen entlastet und hilft, um sich um die anliegenden Aufgaben, wie die Bestattung, zu kümmern. (Wut, Klage – 2. Phase)
- Die Regelung des Grabplatzes und der Beerdigung bringt Ordnung in das aus den Fugen geratene Leben. (Kontrolle – 3. Phase)
- Die Familiengemeinschaft, die anlässlich des Todes zusammenkommt, hilft durch das Gemeinschaftsgefühl, sein Leben wieder anzunehmen und zu gestalten.
- Danach kann Abraham sein anderes Leben, das Leben ohne Sara angehen. (Sich-wieder-öffnen – 5. Phase)

Die Trauer um den Verlust eines Kindes zerreißt vielen Eltern das Herz. Jakob wird glauben gemacht, dass sein Lieblingssohn Joseph tot ist. Die Nachricht vom Tod seines Sohnes trifft ihn hart, er ist untröstlich. Er zerreißt seine Kleider, zieht ein sackartiges Gewand an und lässt sich von seinen anderen Kindern nicht trösten (Gen 37,34). Er will an seinem Kummer zugrunde gehen und selbst auch sterben.

David trauert um die Weggefährten Saul und Jonathan (2. Sam 20,42). Er zerreißt sein Kleid, hält Totenklage, weint und fastet. Dann erfolgt eine persönliche Form der Trauer, er dichtet ein Klagelied (2. Sam 1,18ff), das hilft ihm, den Tod zu bewältigen.

Als sein Kind todkrank wird, trauert er vor dem Tod des Kindes. Er fastet, weint und liegt nachts wach (2. Sam 12). Als das Kind stirbt, steht er auf, wäscht sich, salbt sich, zieht neue Kleider an, betet im Tempel und isst. Er begründet sein Verhalten: Das Kind ist tot, nichts kann es wieder zurückholen (2. Sam 12,23).

Bei Gesprächen mit Trauernden sollte Folgendes bedacht werden:

- Der Verlust eines Angehörigen ist ein tiefer Einschnitt ins Leben.
- Da-sein, Zeit haben, zuhören, den Trauernden den Schmerz aussprechen lassen ist eine wichtige, erste Aufgabe.
- Manchmal ist Schweigen und ein leichter Körperkontakt, wie über die Hand streichen oder auch beim Weinen in den Arm nehmen, angesagt.
- Über die Vergangenheit reden lassen:
  - was war gut
  - was war schlecht
  - was ist unwiederbringlich verloren.
- Wiederholung der gleichen Geschichten dient durchaus der Ver- und Durcharbeitung des Verlusts.
- Es wird nach dem Sinn des Lebens gefragt. Die Frage, »warum » einem Menschen ein solches Unglück passiert ist, kann nicht beantwortet werden. Sie kann aber in die Frage »wozu« ist es mir geschehen bzw. »wie« will ich damit umgehen, umgewandelt werden.
- Was bleibt von dem, was gemeinsam gelebt wurde? Was kann der Trauernde noch alleine davon verwirklichen? Was nimmt er mit, in das neue Leben hinein?
- Was ist zu Ende, hat einen Abschluss gefunden, darf losgelassen werden?
- Den Schmerz loslassen: Ermutigen Sie, wenn die Zeit gekommen ist, den Trauernden, den Schmerz loszulassen, sich nicht selbst zu quälen. Unter Umständen kann es angebracht sein zu »erlauben«, Schmerz und Trauer loszulassen. (»Denken Sie, dass der Gestorbene gewollt hätte, dass Sie sich Ihr Leben so schwer machen?«)
- Ins Leben zurück begleiten: Wie soll das weitere Leben jetzt aussehen? Welche Aufgaben liegen vor dem Trauernden?

In einem Brief einer Trauernden ist Folgendes zu lesen:

> *Sehr geehrte …*
>
> *Vielen Dank für Ihren Besuch und die guten Worte. Unseren Herrgott kann ich ja mal wieder nicht verstehen. Es wäre doch ein Segen gewesen, wenn N.N. noch einige Jahre hätte leben können.*
>
> *Auf der anderen Seite aber bin ich sehr dankbar, dass er so friedlich einschlafen und ich bei ihm sein konnte. Er war nur noch zwei Tage im Krankenhaus, und ich hatte ein Bett in seinem Zimmer, sodass er auch nachts nicht allein war.*
>
> *Dann hörte er auf einmal auf zu atmen, einfach so, ganz ohne Todeskampf. Ich schloss ihm seine Augen, drückte ein Kreuzzeichen auf seine Stirn, faltete ihm die Hände und nahm Abschied von einem wertvollen, liebenswerten Menschen. Drei Jahre hindurch durften wir uns gegenseitig Freude und Hilfe geben und unzählige gute Gespräche führen, die ich am meisten vermissen werde.*
>
> *Nochmals vielen Dank für Ihren Besuch und viele Grüße*
>
> *Ihre …*

Der vorausgegangene Besuch hatte offensichtlich Nachwirkungen. Die Trauernde hat sich weiterführende Gedanken gemacht und sogar einen Dankbrief geschrieben. Die Ambivalenz der Gefühle der Trauernden werden deutlich ausgesprochen, auf der einen Seite hadert sie mit Gott über den Tod des Lebenspartners, auf der anderen Seite ist sie dankbar, weil er nicht leiden musste und sie bei ihm sein durfte.

Wenn man ihre Äußerungen mit dem Phasenmodell vergleicht, sieht man, dass sie auf der einen Seite noch in der Phase des Haderns und des Klagens ist, auf der anderen Seite aber den Tod des Lebenspartners schon annehmen kann, sogar tiefe Dankbarkeit empfindet für das, was gewesen ist. Das ist die letzte Trauerphase.

Dieser Frau hilft beim Abschied ihre christliche Verankerung, sie faltet seine Hände und zeichnet ein Kreuz auf seine Stirn.

Wären diese Äußerungen in einem Gespräch gefallen, hätte man sie ermutigen können, auszusprechen, wie sehr sie ihren Lebenspartner vermisst. Gleichzeitig würde es gut sein, ihr zuzuhören, wenn sie von den drei schönen gemeinsamen Jahren erzählt.

Ein anderes Beispiel aus der Trauerbegleitung: Sie ist mit ihren 78 Jahren eine rüstige alte Frau, liebenswert und aufgeschlossen. Vor kurzem starb nach langer Ehe ihr Mann und sie war sozusagen das erste Mal im Leben alleine. Sie hatten sich beide sehr aufeinander konzentriert. Wenn sie Kontakte zu anderen Menschen hatten, so haben sie sie gemeinsam gepflegt. Der Tod ihres Mannes traf sie hart. Wie sollte sie nun ihr Leben gestalten? Die beiden Kinder waren selbst nicht mehr jung, hatten ihre eigenen Familien und wohnten weit weg.

Sie war vor keine leichte Aufgabe gestellt: Der Abschied von ihrem Mann und das Einrichten eines neuen Lebens, soweit die Gesundheit das zuließ. Sie trauerte, was gut nachzuvollziehen ist, sehr um ihren Mann, er fehlte ihr an allen »Ecken und Kanten«. Mit sich alleine wusste sie nicht sehr viel anzufangen. Sie fiel in ein richtiges Loch. Circa sechs Wochen nach der Beerdigung wollte sie nicht mehr aus dem Bett aufstehen, weil sie meinte, sie könne es gar nicht mehr. Sie versorgte sich nicht mehr, aß kaum etwas.

Dieser Zustand führte sie in Beratung. Sie erzählte viel über ihr gemeinsames Leben und die Hobbys, die sie pflegten, wie z. B. Wandern. Beim Erzählen blühte sie richtig auf. Das half ihr, den Alltag so halbwegs zu überstehen. Nach wenigen Sitzungen brach es plötzlich aus ihr heraus: »Warum musste ich übrig bleiben, es war doch klar, dass ich alleine nicht zurecht komme? Wie konnte er mir das antun und mich verlassen?« Trauer, Wut und Zorn stiegen hoch und sie konnte diese Gefühle bei mir aussprechen. In dieser Zeit war ich ihr eine stille Begleiterin.

Sie hatte durch das Aussprechen nach einer Weile ihr inneres Gleichgewicht wieder gefunden, es fiel ihr nicht mehr schwer, morgens aufzustehen, einzukaufen und für sich zu kochen. Wir hatten vereinbart, dass sie niemanden bittet, um für sie zu kochen oder ihr den Haushalt zu machen. Es war wichtig, dass sie Aufgaben hatte, denen sie sich unterzog, auch wenn sie den Eindruck hatte, dass sie es kaum schaffen würde. Ihre Haushaltspflichten haben sie in der ganz dunklen Zeit ihres Gemüts stabilisiert. Jetzt konnte sie diese fast schon wieder mit einer gewissen Freude tun.

Sie hatte sich angewöhnt, zu Hause immer wieder einmal »Selbstgespräche« mit ihrem verstorbenen Mann zu führen, das tat ihr gut. Ich ermutigte sie dazu, indem ich ihr sagte, dass man den anderen mit in sein eigenes Leben hineinnehmen könne. Sie konnte sich nicht vorstellen, wie das gehen sollte, aber eines Tages berichtete sie mir, dass sie eine schwierige Entscheidung bezüglich der Finanzen zu treffen hatte und in diesem Zusammenhang habe sie den inneren Dialog mit ihrem Mann aufgenommen und sich vorgestellt, wie er handeln würde. Das hat ihr sehr geholfen und wir hatten den Eindruck, dass sie die Entscheidung nicht alleine getroffen hatte.

Die weitere Gestaltung des Lebens lag aber noch vor ihr. Sie fiel bei dem Gedanken an die Planung der nächsten Zeit wieder in ein tiefes Loch der Niedergeschlagenheit: »Ich brauche nichts mehr zu planen, wozu denn, ich bin sowieso zu nichts mehr nütze, mein Leben ist zu Ende.«

Ich erzählte ihr ein Gleichnis für ihre Lebenssituation: »In der ›Unendlichen Geschichte‹, die Michael Ende geschrieben hat, habe ich ein Bild dafür gefunden, wie Sie sich fühlen. Die Geschichte spielt in Fantasien und es geht darum, dass Fantasien und die kindliche Kaiserin, die dort regiert, krank sind. Fantasien und Sie sind vom Nichts bedroht. Das Nichts ist ein unendliches Loch, das alles frisst und das sich unaufhaltsam in Fantasien ausbreitet und damit dieses Land vernichtet. Wie dieses vernichtende Nichts aussieht, erfährt Atreju, der Held in der Geschichte, als er auf Wesen trifft, die vom Nichts befallen sind. Es sind die Borkentrolle, die aussehen wie alte knorrige Bäume. Einer ist nur halb vorhanden, dem anderen fehlt ein Bein. Dieses Nichts, das sie befallen hat, wird sich ausbreiten. Im Schlaf, durch einen Traum, erfährt Atreju Hilfe. Er soll sich Rat holen von der Uralten Morla, die älter ist als alle anderen Wesen in Fantasien. Sie wohnt in den Sümpfen der Traurigkeit. Rat wird Atreju also nur durch das älteste Wesen in Fantasien zuteil. Die alte Morla hat durch ihr langes Leben so viel gesehen, dass sie selbst im äußersten Fall Rat weiß. Es ist schwer, zu ihr zu kommen, weil sie von den Sümpfen der Traurigkeit umgeben ist. Und so kämpft Atreju sich mit seinem Pferd durch diese Sümpfe. Sein Pferd wird erfasst von dem Sog der Traurigkeit, es wird schwerer und immer schwerer und versinkt dann im schwarzen Gewässer dieser Traurigkeit, so geht es Ihnen jetzt auch. Und ähnlich wie Sie kann sich Atrejus Pferd nicht gegen diese Strömung wehren. Es kann plötzlich nicht mehr an die Rettung der kindlichen Kaiserin glauben, es hält alles für sinnlos. Der Sog der traurigen Gedanken hat Besitz von ihm ergriffen, macht es körperlich schwer, sodass es nicht mehr weiter kann in diesem Sumpf. Ein tödlicher Sog, diese Traurigkeit! Atreju, versehen mit einem Schutzzeichen der kindlichen Kaiserin, schafft es, nicht einzusinken, und er findet die Uralte Morla. Die Uralte

Morla redet mit sich selbst und hat wenig Möglichkeiten, sich auf ein anderes Wesen zu beziehen. Als sie Atreju doch wahrnimmt, erklärt sie ihm, dass sie eigentlich schon viel zu viel gesehen hat. ›Wenn du alt wärest, wie wir, dann wüsstest du, dass es nichts gibt als die Traurigkeit.‹ Die Uralte Morla weiß Rat, aber sie will ihn nicht sagen. Lähmung geht von ihrem Blick aus, ihr ist es egal, ob die kindliche Kaiserin gerettet wird oder nicht, ob sie und Atreju untergehen oder nicht. Nur durch einen klugen Schachzug schafft Atreju es, ihr ihr Geheimnis, ihren Rat zu entreißen. ›Wenn es dir wirklich egal ist, dann kannst du es mir ja auch sagen!‹ So bearbeitet Atreju die Uralte Morla. Darüber muss sie lachen und gibt Atreju den Hinweis, wie er es schaffen kann mit vielen Umwegen, die kindliche Kaiserin zu retten.«

Diese fantastische Geschichte schildert recht plastisch, wie Traurigkeit lähmt und Hoffnungslosigkeit eben auch körperlich schwer macht und einen mit der Unfähigkeit zum Leben belegt. Dabei gibt es noch so vieles, was möglich ist im Alter. Da gibt es noch so viele Menschen, die die Erfahrung alter Menschen, das Zuhören und Erzählen gebrauchen können.

Die Uralte Morla in der Geschichte von Michael Ende hatte die wichtigste Aufgabe im ganzen Buch, die es überhaupt gab. Sie war die Einzige, die den Rat für die Rettung Fantasiens vor dem Nichts bereithatte. Nur war sie so versunken in ihrem Sumpf der Traurigkeit und der Hoffnungslosigkeit, dass sie ihn schon gar nicht mehr geben wollte. Diese Erzählung beeindruckte meine Gesprächspartnerin sehr, weil sie sich von ihrer Traurigkeit genau wie beschrieben gelähmt und heruntergezogen fühlte. Dass noch jemand sie und ihren Rat braucht, wie bei der alten Morla, wollte sie kaum glauben, aber sie ließ sich darauf ein, dass das durchaus so sein könnte. Trotzdem: Alleine wandern gehen, das wollte sie nicht. Mit gemeinsamen Bekannten etwas unternehmen war auch nicht ihr Ding.

Gab es irgendetwas in ihrem Leben, was sie gerne tat oder immer gerne tun wollte – nur war sie noch nicht dazu gekommen – und was vielleicht auch für andere Menschen interessant sein könnte? Spontan brach es aus ihr heraus: Das Klöppeln. Eine uralte Handarbeit, die sie schon als Kind lernte und als junge Frau, während der Kinderphase, weiter betrieb. Später übte sie das arbeits- und zeitintensive Hobby nicht mehr aus, weil sie alles mit ihrem Mann zusammen machen wollte. Natürlich kam der Einwand: »Ich weiß gar nicht, ob ich das mit meinen Fingern noch kann und vielleicht macht es mir gar keinen Spaß mehr.« Die Befürchtung teilte ich nicht, nachdem ihr auf meine Frage ganz direkt das Klöppeln eingefallen war. Das sagte ich ihr aber nicht, ich ermutigte sie, das Klöppeln auszuprobieren, und wir würden gemeinsam abwarten, wie sich die Beschäftigung mit dem Hobby auswirken würde.

Trauer ist anstrengend und braucht Begleitung. Dann kann aber auch diese traurige Lebensphase zu einer Lebenserweiterung führen.

# *Nicht allein!*

## 5. Beratung und Begleitung bei Problemen des Alterns

### Wie begleite ich alte Menschen?

Im Folgenden werden zwei Konzepte von Seelsorge bzw. Beratung dargestellt, die von ihrer Anlage her das Altern als eigenständig zu beachtende Lebensphase ansehen und von daher für die praktische Arbeit mit alten Menschen interessant sind. Sie werden kurz vorgestellt. Ausführlicher wird die Logotherapie und ihr Ansatz dargestellt, weil sowohl die in diesem Buch dargestellte Beratung als auch die Seelsorge auf ihrem Konzept beruhen. Die Logotherapie ist eine sinnorientierte Psychotherapie und auch von ihrem Ansatz her besonders für die Arbeit mit alten Menschen geeignet.

Als psychotherapeutisches Ziel für die Begleitung im Alter wird angeführt:

> *»Ziel der Therapie muss ganz generell sein, die Neuzuordnung und Wiedereingliederung dessen zu ermöglichen, was den alten Menschen verstört und beschäftigt, sein Leben in einen Zusammenhang einzuordnen, aus dem er sich selbst beweisen kann, dass das Leben sinnvoll war und er die Möglichkeit hat, mit einem Minimum von Angst und Furcht sich auf den Tod vorzubereiten. Es geht letztlich darum, ihn von dem Beklagen und Betrauern verlorener Fähigkeiten, versäumter Möglichkeiten und verstorbener Personen zu bewahren und ihm alternativ in dem noch vorhandenen bescheidenen Rahmen Möglichkeiten des Erfolges zu suchen, sodass sich die alten Leute wieder beteiligt fühlen und dem Leben einen Sinn abgewinnen können.«*
>
> H. Berzewski

Aus: H. Berzewski, Die Psyche des alten Menschen, in: Der alternde Mensch und sein Arzt, hg.v. B. Luban-Plozza, Berlin/Heidelberg/New York/London/Paris/Tokyo/Hong Kong/Barcelona 1991, S. 21.

Hier wird Psychotherapie als Sorge um den ganzen Menschen verstanden und unterscheidet sich von der Seelsorge nur noch dadurch, dass die religiöse Dimension nicht explizit genannt wird, aber letztendlich im Sinnbegriff und im Ziel des angstfreien Sterbens aufleuchtet.

## Lebensbilanz

> *»Das Leben ist nicht das, was geschah, sondern das, was wir erinnern.«*
>
> GABRIEL GARCIA MARQUEZ

Lebensbilanz, das ist der Versuch, dem eigenen Leben verstehend gerecht zu werden. Es geht um die Rückschau, hin zum Vergangenen. Was hat es für mein Leben bedeutet, wie habe ich es bisher bewertet? Vergangenes reicht in die Gegenwart und in die Zukunft, eine bewusste Auseinandersetzung mit dem Gewesenen ermöglicht Schritte in die Zukunft, kann befreien, neue Aufgaben anzunehmen. Dem älteren Menschen wird die Möglichkeit eröffnet, im Erzählen Rückschau und damit einen Lebensrückblick zu halten. Vielleicht wird das Leben von gestern neu beleuchtet und Interpretationen von Erlebtem werden evtl. revidiert. Es geht darum, dass der Ältere die »Vergangenheit und Zukunft neu bewerten« lernt.

Auch in schriftlicher Form eines Schemas kann der Lebensrückblick dargestellt werden. In einem positiven und einem negativen Feld werden auf einer Zeitschiene Symbole zu den Themen: Familie, Freunde, Freizeit, Gesundheit, Beruf, Engagement etc. verteilt. Deutlich wird, was gut war und was wenig gut erlebt wurde. Wie kann mit dem nicht Gelungenen, evtl. Unverarbeiteten umgegangen werden?

Karl Heinz Bierlein[31] bietet Aspekte einer biografisch orientierten Seelsorge und Schritte im seelsorglichen Gespräch an.

Er mahnt zu Recht an, dass man sich hüten sollte, das Alter an sich zum Stör- oder Seelsorgefall zu erklären oder die Themen oder Probleme im Alter zu bagatellisieren. In der Seelsorge wird es vor allem um das Leben in der Gegenwart, im Hier und Jetzt gehen und um die Vergewisserung des Lebens- und Glaubensgrunds.

Die folgenden Schritte sind Anhaltspunkte, sollen einen Rahmen bilden, aber kein Korsett sein. Im ersten Schritt wird dem erinnernden Erzählen Raum

31. Lebensbilanz, München 1994, 237ff.

gegeben. Genaues Hinhören und sensibles Einstellen auf den anderen ist gefragt, damit die evtl. dunklen Nuancen einer Geschichte erfasst werden können.

Spüren Sie Schlüsselworte in der Erzählung des anderen auf, spüren Sie Schlüsselereignissen nach. Das kann im zweiten Schritt passieren. Welche Gefühle werden wahrgenommen? Kommen Gedanken und Befürchtungen zum Ausdruck? Akzentuieren, Nachfragen und Zusammenfassen sind die Aufgaben der Seelsorgenden.

Gibt es ein Bewusstsein für die Zugehörigkeit zu einer gemeinsamen religiösen Tradition und Praxis, wird im dritten Schritt gefragt.

Der vierte Schritt dient der Unterstützung, Sie wird angeboten, um dem alten Menschen zu helfen, die lebensgeschichtlichen Ereignisse und Entwicklungen zu bewerten. Es geht darum, Klärung und Ordnung zu schaffen.

Strukturierend kann durch folgende Fragen geholfen werden: Was ist heute wichtig? Was war gestern wichtig? Welche Gefühle verschleppe ich von gestern ins Heute? Wie kann ich das Gestern vom Heute und Morgen trennen? Welche Geschichten kann ich zum Abschluss bringen? Welche Ereignisse geben mir für heute Aufgaben auf?

Vergangenheit und Gegenwart werden im fünften Schritt neu bewertet. Zum Beispiel kann ein Mensch aus der Haltung, die er nach der Beendigung seiner Berufskarriere entwickelt hat, nämlich nichts mehr wert zu sein, weil er für die Gesellschaft keinen Beitrag leistet, wieder herausfinden. Er kann das Bewusstsein dafür entwickeln, aus freien Stücken etwas ganz anderes tun zu können.

Der sechste Schritt lässt offene Geschichten und Unbearbeitetes abschließen und Abgeschlossenes loslassen. Nicht Abgeschlossenes und Abgeschlossenes findet seinen Ort in der unabgeschlossenen Geschichte Gottes mit den Menschen.

Mit dem siebten Schritt wird Abschied genommen. Auch die seelsorgliche Begegnung ist eine Geschichte. Sie gilt es losgelassen zu werden. Unterstützt wird der alte Mensch in seiner Suche nach helfenden Kontakten und Institutionen, die seinen Weg weiter begleiten.

Der Anspruch, der dem Bilanz-Konzept durch den Begriff »Bilanz« anhaftet, sollte hinterfragt werden. Auch Bierlein sieht Schwierigkeiten beim Gebrauch der Metapher »Bilanz«, in der Regel werden Soll und Haben mit diesem Begriff konnotiert, aber so können Lebensbezüge eben nicht verrechnet werden. Die Summe des Lebens wird bei Gott gezogen, was dabei fehlt, wird er darauflegen. Das eigene Leben wird immer nur mosaikhaft zu erfassen sein und auch im Rückblick Fragment bleiben. Beim Lebensbilanzkonzept geht es darum, dem Menschen ein sinnvolles Leben zu ermöglichen und ein Verharren in Resignation zu verhindern. Die wesentliche Erkenntnis ist beim Rückblick, sowohl bei einer logotherapeutisch orientierten Seelsorge (Kap. 2, Seite 30) wie auch beim Bilanzkonzept, dass Gott hinter den Zusammenhängen des eigenen Lebens steht. Eine stärker logotherapeutische Ausrichtung der vorgeschlagenen Schritte würde die Sicht stärker auf die noch offenen Sinnmöglichkeiten richten.

Es geht um die Beleuchtung des Lebens in einer Gesamtschau, eben nicht nur um Rückblick, weil die Gegenwart die Sicht in die Vergangenheit bestimmt und die Zukunft der Grund ist, warum das Vergangene reflektiert wird. Um sich den verbleibenden Aufgaben widmen zu können, muss man wissen, welche aus dem Früher noch ins Heute und Morgen hineinreichen.

Das, was im Leben nicht gelungen ist, kann vor Gott gebracht werden. Aus der Erfahrung der Vergebung kann der Mensch das vergangene Versagen loslassen und dadurch zu einem neuen Zukunftsbezug frei werden.

## Validation

Die Validationsmethode wurde von Naomi Feil entwickelt (Ausbruch in die Menschenwürde, Himberg bei Wien 1993). Validieren meint: etwas für gültig erklären. Diese Methode ist vor allem bei desorientierten und verwirrten Menschen eine große Hilfe, sowohl im Bereich der Beratung als auch im Bereich der Seelsorge. Validation ist eine einfühlende Kommunikation, die alten Menschen hilft, ihre Würde wieder zu finden. Sie unterstützt diese Menschen darin, dass sie ihre »Lebenshausaufgaben« machen und in Ruhe Abschied nehmen können.

Altersverwirrung, die sich in Demenz zeigt, kann unverarbeitetes Leben spiegeln. Das ist der Ansatz von Naomi Feil: die Krankheit als Selbstausdruck zu verstehen, das Einfühlen und den Umgang mit erkrankten Menschen zu erleichtern.

Das auf den ersten Blick scheinbar sinnlose Verhalten alter verwirrter Menschen kann durchaus sinnvoll für die Betroffenen sein, denn sie wollen damit ungelöste Konflikte zu Tage fördern und bearbeiten. In seine Welt zurückgezogen, versucht der Ältere innere Konflikte zu lösen, die er bisher nicht lösen konnte. Für Außenstehende sind diese Lösungsmechanismen nicht durchschaubar. Was erkrankte Menschen tun, erscheint unsinnig, obwohl es zutiefst sinnvoll sein kann, nämlich eine Form von Problemlösung.

Die Grundsätze und Werte der Validation

- Alle Menschen sind einzigartig und müssen als Individuen behandelt werden.
- Alle Menschen sind wertvoll, ganz gleichgültig, in welchem Ausmaß sie verwirrt sind.
- Es gibt immer einen Grund für das Verhalten von verwirrten, sehr alten Menschen.
- Verhalten im sehr hohen Alter ist nicht nur eine Folge anatomischer Veränderungen des Gehirns, sondern das Ergebnis einer Kombination von körperlichen, sozialen und psychischen Veränderungen, die im Laufe eines Lebens stattgefunden haben.
- Sehr alte Menschen kann man nicht dazu zwingen, ihr Verhalten zu ändern. Verhalten kann nur dann verändert werden, wenn die betreffende Person es will.
- Sehr alte Menschen muss man akzeptieren, ohne sie zu beurteilen.
- Zu jedem Lebensabschnitt gehören bestimmte Aufgaben. Wenn man diese Aufgaben nicht im jeweiligen Lebensabschnitt schafft, kann das zu psychischen Problemen führen.
- Wenn das Kurzzeitgedächtnis nachlässt, versuchen ältere Erwachsene, ihr Leben wieder in ein Gleichgewicht zu bringen, indem sie auf frühere Erinnerungen zurückgreifen. Wenn die Sehstärke nachlässt, sehen sie mit dem Inneren Auge. Wenn ihr Gehör immer mehr nachlässt, hören sie Klänge aus der Vergangenheit.
- Schmerzliche Gefühle, die ausgedrückt, anerkannt und von einer vertrauten Pflegeperson validiert werden, werden schwächer. Schmerzliche Gefühle, die man ignoriert und unterdrückt, werden immer stärker. Einfühlung/Mitgefühl führt zu Vertrauen, verringert Angstzustände und stellt die Würde wieder her.

## Logotherapie

Viktor E. Frankl, 1905-1997, der Begründer der Logotherapie und Existenzanalyse, war Professor für Neurologie und Psychiatrie an der Universität Wien und zugleich Professor für Logotherapie an der International University in Kalifornien. Er hatte weitere Professuren an der Harvard University, der Stanford University sowie in Dallas und Pittsburgh. Vortragsreisen führten ihn durch alle Kontinente. 1939 erlitt seine Karriere einen schweren Einbruch durch seine Internierung in das Konzentrationslager Birkenwald. Während dieser Zeit entstand eines seiner wichtigsten Werke »... trotzdem Ja zum Leben sagen«. In dieser Zeit der Inhaftierung legte er gedanklich den Grundstein für seine weiteren Überlegungen zur Anthropologie, als deren Konsequenz er die Existenzanalyse und Logotherapie entwickelte. Die Zeit seiner Internierung in vier Konzentrationslagern wurde zum Prüfstein seiner Lehre, in der er seine Theorie über den Menschen unter extremsten Bedingungen überprüfen und verifizieren konnte. Nach intensiver Auseinandersetzung mit der psychoanalytischen Denkweise von Sigmund Freud wendete er sich der Individualpsychologie Alfred Adlers zu. Hier fand er zwar eine Erweiterung, doch ihm fehlte der Einbezug der geistigen Dimension und die Beachtung der primären Sinnorientierung des Menschen. Nach dem Ausschluss aus der Gesellschaft für Individualpsychologie sah er sich gezwungen, die Logotherapie als eigenständige Psychotherapierichtung weiterzuentwickeln. Er sah diese aber nicht als Ersatz der beiden anderen Richtungen, sondern vielmehr als notwendige Ergänzung.

Eine Grundthese Frankls sieht den Menschen als geistbegabtes Wesen, das seine Wurzeln in der Transzendenz hat. Religiosität, die Suche nach dem, was über den Menschen hinausgeht, ist wichtig für ihn. Und so hat er sich – wie nur wenige andere – in den letzten Jahrzehnten um die Wiederentdeckung der Bedeutung des Glaubens, der Religion für den Menschen bemüht.

Er wehrt sich gegen die Überbetonung des psychischen Bereichs des Menschen. Die Psyche alleine mache den Menschen nicht aus, er bestehe aus mehr. Der Mensch werde nicht ernst genommen, wo Religion und persönlicher Glaube in Frage gestellt sind. Insbesondere Freuds Interpretation der Religiosität als neurotisches Phänomen greift er an:

> *»Der Patient selbst wird dann als Mensch nicht mehr ernst genommen. Wir können den Sachverhalt auch so formulieren, dass wir sagen: Seinem Glauben wird nicht mehr geglaubt.«*
>
> VIKTOR E. FRANKL

Aus: Ärztliche Seelsorge, 1987, S. 43.

Frankl hält den Menschen nicht für ein Wesen, das sich ausschließlich von seinen Trieben oder Machtbedürfnissen leiten lässt. Denn ein solches Bild vernachlässigt seiner Meinung nach eine wichtige Dimension des Menschen, nämlich die des Geistes.

Er erläutert dieses Phänomen anhand des Beispiels der Abbildung von Körpern. Wenn man Körper, z. B. einen Zylinder auf eine Fläche projiziert, geht die Raumdimension verloren. Die Dimension des Geistes wird beim Menschen übersehen, wenn man die psychische Komponente überbetont.

Frankls anthropologischem Ansatz ist es zu verdanken, dass dem Aspekt des menschlichen Geistes neue Geltung verschafft wurde. Er geht von der geistigen Freiheit des Menschen aus. Der Geist ermöglicht es dem Menschen, zu sich selbst Stellung zu beziehen. Er ist weder sich selbst, also seinem Charakter und seinen Anlagen, noch seinem Leben, den Umständen seines Daseins hilflos ausgeliefert.

Das heißt: Der Mensch kann seinen eventuellen schlechten Anlagen und negativen Lebensbedingungen entgegentreten, er ist ihnen nicht ausgeliefert, er kann sich ihnen gegenüber verhalten. Ein behinderter Mensch z. B. kann sich ausschließlich durch seine Behinderung verstehen oder ihm kann klar werden, dass er mehr als seine Behinderung ist, er *hat* lediglich eine Einschränkung. Ein oder mehrere Bereiche oder Körperteile sind eingeschränkt oder behindert, aber er als Person ist nicht behindert. Ein anderes berühmtes Beispiel ist das von Zwillingsbrüdern, die beide über ein hohes Maß an krimineller Energie verfügten und von denen der eine Kommissar und der andere Krimineller geworden ist. Aus der eigenen Beratungsarbeit kenne ich einige solcher Beispiele, auch Brüder, bei denen der eine Alkoholiker ist und der andere den Konsum von Alkohol strikt ablehnt.

Die Logotherapie zeigt den Menschen ihre Möglichkeiten auf, ihr Leben gut zu leben, indem sie an die geistigen Fähigkeiten appelliert, an die Freiheit, das Richtige zu tun. Mit Goethes Worten gesprochen:

> *»Wer die Menschen so behandelt, wie sie sind, der macht sie damit schlechter. Wer aber die Menschen so behandelt, wie sie sein könnten, der macht sie damit besser.«*

Jede Situation, alles, was einem im Leben passieren kann, kann bestanden werden, kann ausgehalten werden, wenn man denn Sinn darin findet. Das so genannte »burnout-Syndrom«, (Erschöpfungszustand auf Grund z. B. von zu viel Arbeit oder anderer Überlastung) ist nicht das Ergebnis von zu viel Arbeit. Denn es ist nicht das Arbeiten, das zur Erschöpfung führt. Zu Erschöpfungszuständen kommt es, wenn z. B. eine Arbeit als sinnlos empfunden wird. Denn der Mensch kann mit dem Gefühl der Sinnlosigkeit nicht leben.

Allerdings muss nach diesem Sinn in jedem Augenblick des Lebens immer wieder gesucht, ja »gefahndet« werden. Das Gewissen spielt dabei die Rolle des »Sinn-Organs«, durch das ein Mensch erfährt, wie er sinnvoll handeln kann. Es ist die Empfangsstelle für Sinnverwirklichungsmöglichkeiten.

Überall da, wo der Mensch die Sinnmöglichkeiten nicht mehr erkennt, ist es möglich, »die Trotzmacht des Geistes« anzusprechen und an sie zu appellieren. Das heißt etwa für den Fall einer psychischen Erkrankung, dass trotz der Krankheit an die Kraft des Geistes appelliert werden kann. So ist also in jedem Fall, und sei der Mensch noch so krank, die Kraft des Geistes ansprechbar. Der Geist eines Menschen nämlich kann nicht erkranken. Die Logotherapie geht damit immer vom Gesunden im Menschen, dem Geist, aus, nicht vom Kranken.

Sinn findet der Mensch in der Verwirklichung von Werten. Es gibt drei Frankl'sche Wertkategorien, mit denen in allen Lebenslagen Sinn zu entdecken ist:

Menschen können sich durch schöpferisches Tun verwirklichen.

Sie können trotz Krankheit und Schwäche auch weiterhin im Erleben von Kunst und Musik sinnvolles Leben erfahren.

Schließlich können sie, wenn sie durch Krankheit oder Schwäche nicht mehr fähig sind, sich schöpferisch oder im Erleben von Musik und Kunst zu verwirklichen, auf Grund ihrer Haltung zum Leben diesem Sinn abgewinnen, wenn es ihnen z. B. gelingt, unabänderbares Leiden zu tragen.

Leben kommt nicht dadurch zur Fülle, dass Wünsche erfüllt und Rechte eingefordert werden. Leben im logotherapeutischen Sinn meint, das zu leben, was Wert hat, was als gut, schön oder bereichernd erfahren werden kann, und zu verändern und zum Besseren – zum an sich Besseren und nicht nur »für mich« Besseren – zu wenden, und wo dies nicht möglich ist, die Umstände, die Lebensbedingungen würdevoll zu (er)tragen und an ihnen trotz allen Leidens zu wachsen und zu reifen.

Entscheidend für die Lebenszufriedenheit ist, wie ein Mensch mit seinem Schicksal, insbesondere mit Krankheit und Leid umgeht. Immer wieder treffen wir Menschen, von denen wir sagen, dass das Schicksal »ihnen übel mitgespielt« hat. Sie aber gehen positiv durch das Leben, denn sie sind sich dessen bewusst, was sie noch haben.

Als Jude, der sich der alttestamentlichen Tradition verpflichtet weiß, zitiert Frankl immer wieder Bibelstellen und gebraucht diese für seine Argumentation. Gerade seine Ausführungen über das Menschenbild, speziell über das Alter, den Tod und die Vergänglichkeit können für ein Gespräch mit der Theologie wesentlich sein, zumal er auch den Grenzbereich zwischen Theologie und Psychotherapie ausdrücklich beleuchtet.[32] Die Logotherapie ist entsprechend nicht eine Therapieform, die sich mit Religion und Glauben als einem pathologischen Phänomen auseinander setzt. Von daher kann sie zur wichtigen Gesprächspartnerin der Theologie werden. Im Gegensatz zu anderen psychologischen Theorien nämlich bietet der logotherapeutische Ansatz ein Konzept, das christlich-theologischen Inhalten in besonderer Weise nahe steht. Es legt den Menschen nicht auf eine psychologische Theorie fest, vielmehr bezieht das logotherapeutische Menschenbild den Geist als anthropologische Grundkonstante in die Überlegungen vom Mensch-Sein mit ein. Das Postulat der Unverfügbarkeit des Geistes wiederum verbietet jede negative Stereotypisierung, wie jede Festlegung des Menschen überhaupt; es ist festgestellt worden, dass gerade die Logotherapie zur Begleitung alter Menschen, die sich in Umbruch- oder Krisensituationen befinden und Hilfen zur Problembewältigung benötigen, die geeignete Form der Betreuung darstellt.

> *»Bei Konflikten, die in diesen späten Lebensphasen auftreten, erscheinen therapeutische Bestrebungen im Sinne der Existenzanalyse Frankls, die den Menschen zur Werteverwirklichung aufrufen … und darauf abzielen, dem Subjekt den Weg zu ebnen, damit es bewusst die Forderungen seines Gewissens annimmt und erfüllt … als dem Problemkreis des reifen und des alternden Menschen in besonderer Weise angemessen.«*
>
> N. Petrilowitsch
>
> Aus: N. Petrilowitsch, Probleme der Psychotherapie alternder Menschen, Basel, Karger, 1968, 2., erweiterte Auflage, S. 5.

Wie sich der alte Mensch mit der Vergänglichkeit und dem Tod auseinander setzen kann, entfaltet Frankl am Beispiel der Sanduhr: In der Mitte liegt die Gegenwart. Die Zukunft ist nichts, die Vergangenheit dagegen die eigentliche Wirklichkeit. In ihr ist alles, was war, aufbewahrt und aufgehoben, nicht nur vergangen, sondern gespeichert und konserviert.

32. Vgl. bes. V. E. Frankl, Der unbewusste Gott, München 1974.

Der logotherapeutisch orientierte Mensch ist wie jemand, der jeden Tag seinen Kalender abreißt, auf der Rückseite notiert, was er heute getan hat, und dann die Blätter auf einem Stoß sammelt.

Er ist stolz auf das, was er darin »festgelebt« hat, und ist nicht traurig über das Abreißen eines Blattes, weil damit ein Tag vergangen ist.

Die zu ergreifenden Möglichkeiten zur Werteverwirklichung sind damit zwar vergangen, aber die ergriffenen Chancen der Sinnverwirklichung bleiben in der Vergangenheit unvergänglich aufbewahrt.[33]

Um die Verwirklichung von Werten im Leben des Menschen geht es. Die Vergänglichkeit des Daseins fokussiert sowohl den Aufgabencharakter als auch die Einmaligkeit des Lebens. Wären wir unsterblich, könnten wir jede Handlung ins Unendliche aufschieben. Da wir vergänglich sind, gilt: »Lebe so, als ob du zum zweiten Mal lebtest und das erste Mal alles falsch gemacht hättest, wie du es zu machen im Begriffe bist.«[34]

Der Mensch, so sagt er in einem anderen Bild, arbeitet in seinem Leben wie der Bildhauer am Stein.[35] Den Termin, wann das Kunstwerk fertig sein soll, kennt er nicht. Doch auch wenn das Werk nicht fertig wird und Fragment bleibt, ist es nicht wertlos. Darum muss die Zeit genutzt werden. Nicht die Länge eines Menschenlebens ist entscheidend, sondern, wie es verwendet wurde, wie mit der zur Verfügung stehenden Zeit umgegangen wurde. Der Tod erinnert an die Verantwortung, die der Mensch für jeden Augenblick des Lebens hat, er ist Ansporn zu verantwortetem Tun.

Frankls Verständnis der Vergangenheit ist hilfreich und wichtig, da sie in einfühlsamer Weise eine andere Sicht des Vergangenen vermittelt als gemeinhin üblich. Die gelebte Zeit wird von den meisten Menschen unter dem Aspekt der Flüchtigkeit gesehen. Die Stoppelfelder der Vergänglichkeit werden betrachtet und nicht die vollen Scheunen der Vergangenheit. Es wird an den vergangenen Dingen nur gesehen, dass sie nicht mehr sind, in welche Speicher sie gekommen sind, wird nicht gefragt.[36] Frankls Einsichten können diese Einstellung eines Menschen zu seiner Vergangenheit verändern. Der älter werdende Mensch kann lernen, seine Vergangenheit als kostbares Gut anzuneh-

33. V. E. Frankl, Ärztliche Seelsorge, 1987, 66. Und: E. Lukas, Psychologische Vorsorge, Freiburg/Basel/Wien 1989, 176-190.
34. V. E. Frankl, Ärztliche Seelsorge, 1987, 109.
35. Vgl. V. E. Frankl, Ärztliche Seelsorge, 1987, 110f.
36. V. E. Frankl, 1982, 56.

men. Er kann sich ihrer an Knotenpunkten des Lebens mit anderen zusammen feiernd und vergewissernd erinnern.

Das Leben selbst ist gewissermaßen der Platz, auf dem man in höchster Verantwortung durch Verwirklichung von Werten, insbesondere von Einstellungswerten, erfährt.

Das Leben hält zu jeder Zeit Sinnmöglichkeiten für einen jeden Menschen bereit und ist damit unendlich wertvoll. Ausgehend von den drei Frankl'schen Wertkategorien ist Sinn in allen Lebenslagen zu entdecken. Er unterscheidet schöpferische Werte, Erlebnis- und Einstellungswerte.[37] In diesem letzten Einstellungswert liegt die höchste Anforderung, die das Leben an einen Menschen stellt. Ist er nicht mehr in der Lage, die erstgenannten Werte zu verwirklichen, kommt es entscheidend darauf an, »wie« er sein Leben lebt. Die Aufgabe, einen Weg zu finden, mit unveränderlichem Leid umzugehen, kann zur größten Sinnverwirklichungsmöglichkeit im Leben werden. Gleichsam ist es die größte Fähigkeit des Menschen, ein durch Leiden gekennzeichnetes Leben zu tragen und die Verwirklichung von Einstellungswerten zu leben.

Sie sind entsprechend die höchsten Werte, zeigt sich in ihnen doch, wie mit Unabänderlichkeiten, mit Leiden, mit Alter, umgegangen wird. Für die vorliegende Fragestellung ist Frankls Sichtweise besonders gewinnbringend hinsichtlich der Problematik, wie Veränderungsprozesse im Alter erlebt und verstanden werden, ob sie als Einschränkungsprozesse oder als Erweiterungsmöglichkeiten betrachtet werden. Das Zurückgeworfensein auf sich selbst ermöglicht dem Einzelnen/ der Einzelnen, das Leben in einem neuen Licht zu sehen. Auch wenn ein Mensch nichts mehr kann, selbst wenn soziale Kontakte und Möglichkeiten unweigerlich verloren gegangen sind, ist er noch da, hat er noch Aufgaben, ist er nicht alleine. Er bleibt befähigt zu Formen der Kommunikation, sei es in der Meditation, sei es in der Zwiesprache mit seinem eigenen Selbst und mit Gott.

Die Befähigung, solche Einstellungswerte zu verwirklichen, besitzt der Mensch auf Grund seines geistigen Potenzials.

37. V. E. Frankl, Ärztliche Seelsorge, 1987, 81-84.

## Was Sinn macht

Einen allgemeinen und letztgültigen Sinn können Menschen im Glauben an Gott finden, aber auch da wird es immer wieder Fragen und Zweifel geben, frei nach dem Motto: Wer nie an Gott gezweifelt hat, hat nie an ihn geglaubt. Auch für die Logotherapie gibt es einen allgemeinen letztgültigen Sinn, der den jeweiligen Sinn in einer Situation garantiert: Es ist der so genannte Übersinn. Konkret ist Sinn im Alltag dort, wo ich gebraucht werde, wo ich eine Aufgabe habe. Die Logotherapie spricht vom konkreten Sinn in einer konkreten Situation, in die eine konkrete Person hineingestellt ist.

Der Übersinn garantiert den konkreten Sinn des Augenblicks, der sich in jedem Moment verändern kann. Das heißt, die Aufgaben, die der Mensch in jedem Augenblick zu tun hat, können immer wieder andere sein. Aber: Der Sinn in der Situation ist vorhanden. Wenn Menschen »keinen Sinn sehen«, so heißt das noch nicht, dass es diesen Sinn nicht gibt, es gibt ihn trotzdem, aber der Mensch kann ihn nicht finden. Sinn muss also nicht hergestellt oder konstruiert werden, er ist »einfach« da, er »liegt sozusagen auf der Straße«. Unter diesem Blickwinkel gesehen, wird es keine Ausflüchte mehr geben können, die suggerieren, dass ja alles sinnlos ist und alles keinen Sinn macht.

Sinn machen die alltäglichen Aufgaben, die Pflege der eigenen Person und des Haushaltes, der dazugehört. Sinn macht, sich um die nächsten Menschen um sich herum zu kümmern und auch die Menschen zu sehen, die weiter weg sind und für die man etwas tun kann. Sinn macht, andere zu lieben, weil man sich selbst auch liebt: Liebe deinen Nächsten wie dich selbst. Sinn macht es, sich für die Zukunft der Welt zu engagieren, Verantwortung zu übernehmen und Dinge zu verwirklichen, die einem am Herzen liegen. Sinn macht, die Sinne zu schärfen: Hören Sie Musik, prägen Sie sich schöne Bilder ein, spüren und riechen Sie die Welt bewusst!

In der logotherapeutischen Begleitung geht es also um:

- die differenzierte Wahrnehmung der Persönlichkeit
- die Stärkung der vorhandenen Kräfte
- die Stärkung der Willenskräfte
- das Erlangen neuer Sichtweisen und Einstellungen.

## Gute Gespräche in Beratung und Begleitung

*»Immer enger, leise, leise*
*ziehen sich die Lebenskreise,*
*schwindet hin, was prahlt und prunkt,*
*schwindet Hoffen, Hassen, Lieben,*
*und ist nichts in Sicht geblieben*
*als der letzte dunkle Punkt.«*

THEODOR FONTANE

Vielfach wird das Alter so erlebt, wie Fontane es beschreibt. Verlustorientiert wird auf das vergangene Leben geschaut, auf das, was alles vergangen ist. Hilflosigkeit und Einsamkeit machen sich breit.

Sowohl vielfältige Bewältigungsaufgaben, Verlust von Beruf oder Gesundheit sowie kreative Aufgaben und Selbstverwirklichungsmöglichkeiten liegen, wie dargestellt wurde, vor dem alten Menschen, obwohl der ältere Mensch dies oft nicht so sieht.

Um sich persönlich in diesem Feld bewegen zu können, braucht der alte Mensch das Gefühl von Kohärenz. Er will verstehen, was seine Situation ausmacht. Vielleicht braucht er Hilfe, um seine Situation zu begreifen und in seinen Lebenskontext einzuordnen. Verstehen helfen ist eine Aufgabe der Beratung.

Der ältere Mensch will das Gefühl haben, »Herr seiner Situation« zu sein, zu bestimmen, wo's lang geht. Es ist gut, wenn er spüren kann, ich kann etwas verändern, wenn ich es will. Diese Selbstkompetenz herauszufordern oder neu einzuüben ist Aufgabe von Beratung. Daraus ergibt sich, dass er Handlungsmöglichkeiten sehen lernt und auch handlungsfähig wird.

Die folgenden Überlegungen gelten für alle Alterphasen:

- In einer ersten Gesprächsphase wird es darum gehen, das Erleben der Situation des alten Menschen aufzunehmen und Klage zuzulassen. Die Erfahrung zeigt, dass viele Alte den Verlust von Vergangenem bewältigen müssen. Damit verändert sich auch der Blick auf das zukünftige Leben.
- Der »Eigen-Wert« des Alters kann erkannt und gewürdigt werden. Der erzählte Lebensrückblick wird beleuchtet und Interpretationen von Erlebtem evtl. revidiert (siehe Seite 94ff.). Es geht darum, dass der Ältere die Vergangenheit und Zukunft neu bewerten lernt.

- Die Aufgaben des Älteren erschöpfen sich nicht nur in der Erledigung dessen, was aus der Rückschau virulent geworden ist. In der Zukunft liegen Aufgaben für den alten Menschen bereit, die dazu geeignet sind, von sich selbst abzusehen. Eine Funktion des Gesprächs kann es sein, die spezifischen Lebensaufgaben im Alter dieses Menschen herauszufinden.
- Die Erkenntnis von Versagen und evtl. unbewältigter Schuld kann Menschen bedrücken. Der Besuchende kann mit dem Älteren zusammen überlegen, welche Möglichkeiten des Umgangs mit der Schuld es gibt. Ist es möglich, noch etwas »gut« zu machen, etwas »gut sein« zu lassen oder etwas nachzuholen?
- Im Gespräch kann zur Annahme der Lebensgrenze ermutigen werden. Die Akzeptanz der Begrenzung kann bereichern, sie macht deutlich, dass das Leben einmalig ist. Der verantwortliche Umgang mit dem Leben steigt, ebenso wie die Dankbarkeit für jeden Augenblick.
- Sehr hinfällige alte Menschen können im Gespräch im Verständnis des Lebens als »Da-Sein« unterstützt werden. Da bedeutet, dass sie bewusst darauf verzichten können und wollen, sich selbst zu »erleisten«.

Das Vertrauen in die Sinnhaftigkeit des Lebens und darauf, dass man auch als alter Mensch mit den vorgegebenen Grenzen darin handeln kann, ist wesentlich für die psychische Gesundheit. Man spricht von Resilenz, psychischer Widerstandskraft, die die Fähigkeit zeigt, mit den Wechselfällen und Krisen des Lebens umzugehen. Sehr ähnlich klingen diese Erkenntnisse aus der Psychologie zu dem, was wir bei Menschen feststellen, die im christlichen Glauben verankert sind. Sie haben ein tiefes Vertrauen in Gott, den Urgrund der Welt und sie verlieren ihre Hoffnung nicht, auch wenn es Zweifel und Klage gibt.

## Spezielle Probleme

### *Hilflosigkeits- und Sinnlosigkeitsgefühle*

Ältere Menschen haben viele Freunde und Bekannte aus ihrem sozialen Umfeld durch Tod verloren, manchmal auch den Partner oder eigene Kinder. Allerdings wird das Thema Einsamkeit selten explizit angesprochen. Meist wird Klage geführt über äußere Dinge, wie über die Nachbarn, das Alter allgemein oder über konkrete Beschwerden. Exemplarisch wird das Thema Einsamkeit durch das folgende Gespräch wiedergegeben. Die Besuchende begleitet diese Frau und hat das Ziel, dass die alte Dame ihre Ressourcen und Möglichkeiten erkennt, die noch vorhanden sind, und diese auch nutzt. In der Art der Gesprächsführung versucht sie die Frau zur Erkenntnis und Wahrnehmung ihrer Möglichkeiten zu bewegen und unterstützt sie beim Umsetzen. Wie eine gelungene Beratungsintervention aussieht, zeigt das aufgezeichnete Gespräch. Es ist eine längere Sequenz, weil gezeigt wird, wie behutsames Intervenieren Selbststärkungskräfte fördert, die in Sinn und Leben förderndes Verhalten umgesetzt werden können. Ein sich im Alter häufig stellendes Problem steht im Zentrum des Gesprächs, die Einsamkeit.

Das Gespräch zeigt eine Beratungssituation auf, in der es um Sinnfindungsmöglichkeiten in hohem Alter geht. Exemplarisch wird in diesem Gesprächsprotokoll aufgezeigt, wie mit der Methode der Logotherapie als besonders geeignete Begleitungsform alter Menschen stützend, Kompetenz erweiternd und Sinn vermittelnd gearbeitet werden kann.

Das Gespräch fand im Rahmen eines Krankenbesuches zu Hause statt. Bei der Kranken handelt es sich um eine 86-jährige, allein lebende Frau, die sich noch relativ gut allein versorgen konnte. Es ist ein beispielhaftes Gespräch, wie ein Mensch wieder Vertrauen in sein Tun finden kann.

B: klingelt (Frau X. öffnet lächelnd die Tür und sieht die Besucherin freundlich an.)

X: Ach, Frau … schön, dass Sie kommen, ich habe schon gewartet.

B: Guten Tag, Frau X., ich freue mich auch Sie zu sehen. Es sind seit unserer letzten Begegnung schon wieder ein paar Wochen vergangen.

X: Ja, kommen Sie rein, wir setzen uns. (Frau X. nimmt Platz, lächelt nervös, spielt nervös mit ihren Händen. Es ist spürbar, dass sie etwas quält.)

B: Frau X., wie ist es Ihnen denn ergangen während der letzten Zeit?

X: Ach, wissen Sie: »Jeder will alt werden, aber keiner will es sein!«

B: Das ist eine Erfahrung, die viele ältere Menschen machen. Bei Ihnen ist das wohl auch so?

X: Genauso ist es! Es wird immer weniger mit mir. Sie wissen ja, mit dem Laufen geht es so schwer. Ich brauche für jede Kleinigkeit die doppelte Anlaufzeit. Es geht mir alles so schwer von der Hand.

B: Frau X., ich weiß, es ist nicht einfach für Sie. Ich bewundere deshalb auch, dass Sie trotzdem immer wieder Ihre Wohnung so schön und gemütlich herrichten. Hier fühlt man sich richtig wohl.

X: (Frau X. wird sofort lebendiger.) Ja, das ist mir sehr wichtig, ich brauche schöne Dinge, die ich ansehen kann. Ich brauche eine schöne Umgebung, wenigstens bei mir, wenn es außen schon so schlimm ist. Das ist mein Schutzraum.

B: Darf ich fragen, was das ist, das außen so schlimm ist? Wovor möchten Sie sich schützen?

X: Ach schauen Sie doch, was in der Welt alles passiert. Die Menschheit bringt sich selber um. Ich werde damit kaum fertig. Jeden Tag sehe ich mir die Nachrichten an, um zu wissen, was in der Welt vor sich geht. Aber es ist alles so grausam und so schrecklich. Mein Sohn hat mir schon verboten, dass ich mich damit konfrontiere, weil es mir so nahe geht. Ich kann doch aber nicht einfach die Augen verschließen. (Frau X. schüttelt hilflos den Kopf, wirkt traurig.)

B: Anteilnahme am Schicksal anderer Menschen und Mitgefühl zu empfinden sind sehr wertvolle Eigenschaften. Sie zeigen noch Interesse an dem, was um Sie herum geschieht, und ergeben sich nicht der Gleichgültigkeit. Das zeigt, dass Sie ein sehr sensibler und tiefer Mensch sind und Ihr Sohn weiß das natürlich und schätzt das vermutlich auch sehr an Ihnen. Ich kann mir vorstellen, er möchte Sie schützen, damit Sie von Ihren Gefühlen nicht überflutet werden.

X: Ja, das stimmt, aber ich war schon immer so. Alles ist mir immer ganz nahe gegangen. Ich bin niemand, die verdrängen kann. Wenn jemand Sorgen hatte in der Familie, war ich da und habe sofort geholfen oder auch im Freundeskreis oder in der Nachbarschaft. Ich habe niemanden hängen lassen. Es hätte mir das Herz gebrochen. Für jeden war ich da …

(Frau X. Stimme wird schwach, sie kämpft mit den Tränen.)

B: Und jetzt wünschen Sie sich jemanden, der einmal für Sie da ist und bei Ihnen ist? (Frau X. bricht nun richtig in Tränen aus. B. hat das Gefühl, sich dem eigentlichen Problem zu nähern.)

X: Es ist so schwer für mich, dieses Alleinsein auszuhalten. Ich bin so viel allein und da denkt man so viel nach, was alles auf einen zukommt.

(B. überlegt, ob sie nun den Schwerpunkt auf das Alleinsein oder auf die Angst vor der Zukunft legen soll und entscheidet sich für die Problematik des Alleinseins.)

B: Frau X., was macht denn Ihr Alleinsein im Moment so besonders schwer? Ich habe den Eindruck, irgendetwas belastet Sie mehr als sonst?

X: Ja, Sie kennen mich schon gut, es ist tatsächlich so. Sie können mir glauben, die Urlaubszeit jedes Jahr, für andere die schönste Zeit im Jahr, ist für mich die Hölle. Sehen Sie! (Frau X. greift zu zwei Postkarten, die auf dem Tisch lagen, und gibt sie B.) Meine Kinder haben mir geschrieben aus dem Urlaub. Sie sind lieb, haben an mich gedacht … (Frau X. schweigt.)

B: Es freut Sie, dass die Kinder Ihnen eine Karte geschrieben haben, aber es reicht Ihnen nicht. Ist es nicht so? (Frau X. nickt traurig.) Frau X., ich beginne nun besser zu verstehen. Sie haben mir einmal erzählt, dass Ihre Tochter sonst ein paar Mal in der Woche bei Ihnen vorbeikommt, einkaufen geht und sich mit Ihnen unterhält. Auch Ihr Sohn und seine Frau kommen Sie oft besuchen und regeln die geschäftlichen Dinge. In den sechs Wochen Urlaub fällt das alles plötzlich weg und Sie fallen in eine schreckliche Leere.

X: Das stimmt. Sechs Wochen sind so eine lange Zeit. Heute müssen die Leute ja auch nach Japan, nach Amerika und Afrika reisen. Bei uns gibt es ja offenbar keine schönen Flecken mehr. (Eine Spur von Verbitterung breitet sich bei Frau X. aus. Ich entscheide mich, darauf nicht direkt einzugehen.)

B: Ich verstehe Ihre Situation und Ihre Traurigkeit. Können Sie verstehen, dass Ihre Kinder diese Erholungszeit einmal im Jahr brauchen, oder denken Sie, das wäre nicht notwendig?

X: Das ist es ja, ich verstehe es sehr gut. (Frau X. Stimme wird wieder fester.) Beide Kinder haben eine große Familie und sind sehr eingespannt. Mein Sohn hat die Firma und Sie wissen ja, meine Tochter hat eine sehr große Belastung mit meiner behinderten Enkelin. Beide haben mit sich sehr viel zu tun, es gibt eine ganze Reihe von Beschwernissen und Sorgen. Trotzdem holen die Kinder mich auch immer wieder zu Familienfeiern und zu Ostern und Weihnachten. Sie sind wirklich lieb, meine Kinder!

Glauben Sie mir, ich gönne Ihnen diese Urlaubszeit von Herzen, aber für mich ist es eine lange einsame Zeit, ich habe keinen Ansprechpartner und rede oft schon mit mir selber. Auch meine Untermieter sind ausgerechnet in dieser Zeit mit ihren Kindern weg.

B: Frau X., habe ich es nun richtig verstanden, dass für Sie vor allem diese sechs Wochen Urlaubszeit im Jahr ein Problem darstellen, sich ansonsten Ihre Kinder aber sehr intensiv um Sie kümmern. (Frau X. nickt zustimmend.) Ihre Tochter kommt drei Mal in der Woche und Ihr Sohn zwei Mal. Beide haben eine erhebliche Fahrzeit. Ihre Kinder haben Sie offensichtlich sehr gern und bringen auch Opfer, um die Besuche bei Ihnen zu ermöglichen. Sie können stolz auf Ihre Kinder sein.

X: Ja (Frau X. lächelt wieder), ich bin auch stolz auf sie, sie mussten schon so vieles bewältigen und haben es geschafft!

B: Schließlich haben Sie auch eine Mutter, die schon vieles bewältigt hat und es immer wieder geschafft hat. Es ist doch eine Leistung mit 86 Jahren noch relativ gut alleine in der eigenen Wohnung zurechtzukommen. Sogar die Wohnung noch gemütlich zu gestalten. Sich dafür zu interessieren, was in der Welt passiert. Sie sind gedanklich noch fit, können sich also auch geistig noch sehr gut vorstehen. Im Grunde sind Sie doch eine kluge und starke Frau!

X: Das macht mir ja jetzt richtig Mut, wenn Sie das so sagen. In meinem Schmerz habe ich das alles gar nicht wahrgenommen. Ich sollte wirklich dankbar sein, dass es mir noch so gut geht. Viele in meinem Alter sind ganz arm dran. (Frau X. wirkt nun gelöster und fast gut gelaunt.)

B: So, Frau X., jetzt überlegen wir mal gemeinsam, ob es nicht eine Möglichkeit gibt, Ihnen diese sechs Wochen im Jahr, in denen Ihre Kinder nicht für Sie da sind, erträglicher zu gestalten. (B. fühlt sich etwas unter Druck, diese gute Stimmung nun halten zu müssen.) Ich kann mir nicht vorstellen, dass es außer Ihren Kindern niemand gibt, mit dem Sie mehr in Kontakt kommen könnten.

X: (zögerlich) Schon, aber ich möchte niemanden nerven oder zur Last fallen …

B: Sie wollen an Ihrer Situation etwas ändern, also müssen Sie auch den ersten Schritt machen und auf jemanden zugehen. Vielleicht ergeht es dem anderen genauso und er ist froh, dass Sie ein Signal gegeben haben. Und Sie wissen ja: Der nicht wagt, der nicht gewinnt! (Frau X. lacht herzlich, B. dagegen kämpft noch immer, damit die Stimmung nicht kippt.) Ich spüre, Sie denken schon ganz konkret an jemanden?

X: Ja, es gibt eine Frau, mit der ich, als es mir noch besser ging, öfter zu den Altennachmittagen der Pfarrei gegangen bin. Das werde ich jetzt nicht mehr schaffen, aber ich könnte diese Dame mal zu mir zum Kaffee einladen. Da könnten wir etwas miteinander erzählen.

B: Das klingt doch schon sehr verlockend.

X: Mit einer anderen Frau, die auch ganz schlecht laufen kann, verstehe ich mich auch ganz gut. Wir waren früher zusammen in der Schule (lächelt erinnernd). Vielleicht könnten wir ja in der Urlaubszeit mal öfter miteinander telefonieren und alte Erinnerungen austauschen.

B: Frau X., das sind ja schon zwei gute Ideen … (Frau X. fällt B. fast übermütig ins Wort und sagt …)

X: Es gibt noch eine Nachbarin zwei Häuser weiter. Die ist sehr nett und hat mir schon öfter angeboten, mir etwas mitzubringen, wenn ich nicht kann. Sie ist noch viel jünger als ich und die würde mich vielleicht auch mal so einfach besuchen?!

B: So Frau X., jetzt haben Sie selber drei Ideen geäußert, wie sie diese für Sie so schlimme Urlaubszeit überbrücken könnten. Wenn Sie nur eine davon in die Tat umsetzen, werden Sie sehen, dass es Ihnen schon besser gehen wird, weil Sie in Ihren Grenzen aktiv geworden sind und Kontakt zu jemandem anderen aufgenommen haben. Sie können dann viel gelassener sein und sich auf die Zeit freuen, in der Ihre Kinder wieder da sind.

Ich werde Sie nächste Woche einmal anrufen, um zu hören, ob Sie erfolgreich waren!

X: Ach ja, machen Sie das, da freue ich mich. Ich bin jetzt irgendwie richtig erleichtert, es hat mir so gut getan mit Ihnen darüber zu sprechen. Vorher war alles so aussichtslos, aber ich freue mich immer, wenn Sie kommen und wir zusammen beten. Ich bete viel, das gibt mir Kraft.

Damit wird das Gespräch beendet.

Dass dies nicht das erste Gespräch zwischen Frau X. und der Besucherin war, merkt man dem Protokoll schnell an, eine gewisse Vertrauensbasis ist da. Aber es dauert zu Beginn des Gesprächs doch eine ganze Weile, bis Frau X. damit herausrückt, was sie bedrückt. Am Anfang spricht sie sehr allgemein. B. erkennt, dass Frau X. sich hinter allgemeinen Formulierungen verbirgt.

Trotzdem bleibt das Gespräch weiterhin recht oberflächlich und führt in eine kleine Tirade des Selbstmitleides, was sie sogar zu Tränen bewegt: »Wenn jemand Sorgen hatte in der Familie, war ich da und habe sofort geholfen oder auch im Freundeskreis oder in der Nachbarschaft. Ich habe niemanden hängen lassen. Es hätte mir das Herz gebrochen. Für jeden war ich da …«

Die Besucherin geht sehr einfühlsam auf Frau X. ein: »Und jetzt wünschen Sie sich jemanden, der einmal für Sie da ist und bei Ihnen ist?« und setzt den Schwerpunkt für das weitere Gespräch richtig.

Die Urlaubszeit der Kinder ist sehr schlimm für Frau X.: »Sie können mir glauben, die Urlaubszeit jedes Jahr, für andere die schönste Zeit im Jahr, ist für mich die Hölle«, das führt bis zum Zynismus: »Heute müssen die Leute ja auch nach Japan, nach Amerika und Afrika reisen. Bei uns gibt es ja offenbar keine schönen Flecken mehr.« (Eine Spur von Verbitterung breitet sich bei Frau X. aus.) Es zeigt sich, dass Frau X. sehr selbstzentriert lebt. Es geht ihr darum, dass sie nicht alleine ist, auch während der Urlaubszeit der Kinder. Eine gewisse Anspruchshaltung, dass die Kinder sie nicht alleine lassen dürfen, verbirgt sich hinter dem Gesagten. Sie gönnt den Kindern die Urlaubszeit natürlich – gleichzeitig ist sie einsam und ohne Ansprechpartner, das will sie nicht.

Die Beraterin, die Frau X. recht gut kennt, konfrontiert sie vorsichtig mit ihrer Anspruchhaltung:« Frau X., habe ich es nun richtig verstanden, dass für Sie vor allem diese sechs Wochen Urlaubszeit im Jahr ein Problem darstellen, sich ansonsten Ihre Kinder aber sehr intensiv um Sie kümmern?« Danach unterstützt sie aber dann die noch vorhandene Eigeninitiative intensiv mit folgenden Interventionen: »Sie wollen an Ihrer Situation etwas ändern, also müssen Sie auch den ersten Schritt machen und auf jemanden zugehen. Vielleicht ergeht es dem anderen genauso und er ist froh, dass Sie ein Signal gegeben haben. Und Sie wissen ja: Der nicht wagt, der nicht gewinnt!«; »So Frau X., jetzt überlegen wir mal gemeinsam, ob es nicht eine Möglichkeit gibt, Ihnen diese sechs Wochen im Jahr, in denen Ihre Kinder nicht für Sie da sind, erträglicher zu gestalten«; »Schließlich haben Sie auch eine Mutter, die schon vieles bewältigt hat und es immer wieder geschafft hat. Es ist doch eine Leistung, mit 86 Jahren noch relativ gut alleine in der eigenen Wohnung zurechtzukommen. Sogar die Wohnung noch gemütlich zu gestalten. Sich dafür zu interessieren, was in der Welt passiert. Sie sind gedanklich noch fit, können sich also auch geistig noch sehr gut vorstehen.«

Frau X. entwickelt mit Hilfe der Beraterin Engagement und Eigeninitiative: »Ja, es gibt eine Frau, mit der ich, als es mir noch besser ging, öfter zu den Altennachmittagen der Pfarrei gegangen bin. Das werde ich jetzt nicht mehr schaffen, aber ich könnte diese Dame mal zu mir zum Kaffee einladen. Da könnten wir etwas miteinander erzählen«; »Mit einer anderen Frau, die auch ganz schlecht laufen kann, verstehe ich mich auch ganz gut. Wir waren früher zusammen in der Schule. Vielleicht könnten wir ja in der Urlaubszeit mal öfter miteinander telefonieren und alte Erinnerungen austauschen«; »Es gibt noch eine Nachbarin zwei Häuser weiter. Die ist sehr nett und hat mir schon öfter angeboten, mir etwas mitzubringen, wenn ich nicht kann. Sie ist noch viel jünger als ich und die würde mich vielleicht auch mal so einfach besuchen?!«

Diese Erfahrung von Selbstkompetenz lässt sie offensichtlich auch die Beschwernisse des Alters, die sie am Anfang des Gesprächs geäußert hat, vergessen. Die Beraterin vergisst auch die »Ergebnissicherung« des Gesprächs nicht, indem sie ihren Telefonanruf für die nächste Woche mit einer Nachfrage nach weiterer Aktivität ankündigt.

Es ist oft sehr schwierig alte Menschen aus ihrer passiven Anspruchshaltung herauszuführen und im Gespräch neue, verwirklichbare Aktivitäten anzudenken, die dann auch in Angriff genommen werden. Dieses Gespräch war für Frau X sehr hilfreich, das kommt stimmungsmäßig auch ganz klar »rüber«.

Ein gelungenes Beratungsgespräch:

1. Frau X entwickelt mit Hilfe ihrer Besucherin *Engagement und Eigeninitiative,* was sie offensichtlich auch die Beschwernisse des Alters vergessen lässt.
2. Es ist der Besucherin gelungen, die alte Dame ihrer Selbstzentrierung und der Fokussierung auf die Defizite ihres Lebens zu entreißen.
3. Sie spürt durch die gezielte Gesprächsführung der Beraterin ihre Kompetenz, verlässt die Klagehaltung und plant ihr Leben aktiv.
4. Sie überlegt, mit wem sie sich zusammentun kann, um ihr Alleinsein zu verändern.
5. Die Besucherin vergisst auch die »Ergebnissicherung« des Gesprächs nicht, indem sie sagt, dass sie sich nächste Woche telefonisch nach dem Fortgang ihrer Aktivitäten erkundigen wird.

### *Unzufriedenheit*

Ein anderes Beispiel:
Unzufriedenheit, die sich in Aggression äußert. Er, der Herr von 63 Jahren, hatte die Aufgabe übernommen, ehrenamtlich mit unterschiedlichen Gruppen das Schaufenster einer gemeinnützigen Organisation zu gestalten. Es gab bei dieser Aufgabe in der Zusammenarbeit mit anderen Menschen und Meinungen immer wieder Ärger, weil er die Ideen der anderen vollkommen verwarf und nur seine Meinung gelten ließ. Das gipfelte in der Idee, die er auch durchführte, die Schaufenster nach der Dekoration zu fotografieren und mit Noten zu bewerten. Sie ahnen, wie die Benotung aufgefallen ist? Die Fenster, die von Vereinen und anderen Personen ohne ihn gestaltet wurden, erhielten die Note sechs. Die Schaufenster, die er für andere gestaltete, erhielten als schlechteste Note die 1-. Aufgefallen war er außerdem als jemand, der sich schlecht in ein Team einfügte und mit nörgelnden Beiträgen bis hin zur Aggressivität das Klima vergiften konnte. Er wusste: Alles, was er sagte, war richtig, so musste es gehen und nicht anders. Es war seine zweite Ehe, in der er jetzt lebte, mit seinen Kinder aus erster Ehe hatte er nicht mehr viel Kontakt, die

Tochter war in die rechtsradikale Szene abgerutscht. Seine jetzige, zweite Frau war schwer depressiv. Zehn Seiten computergeschriebenes Programm des täglichen Lebens legte er mir vor. Da war alles verzeichnet: Schlaf, Essen, Malen, das war ein Hobby von ihm etc. Er hatte ausgerechnet, dass er 30 % seiner zur Verfügung stehenden Zeit bei Ärzten verbringe, weil er Diabetiker war. Dies war ihm entschieden zu viel, er wollte an einer Verkürzung dieser »Arztzeiten« arbeiten. Zur Zeit lebte er im Badischen, er wollte aber in die Berge, nach Bayern ziehen, so erzählte er mir, und schon hatte ich ein Modell eines runden Hauses in der Hand – so sollte das Haus aussehen, und er beschrieb mir exakt, wie das Gelände aussehen müsse, wo diese Haus steht: an einem Hang mit Blick ins Tal. Er war schon seit Jahren »auf der Jagd« nach Grundstücken, das richtige war nicht dabei, seine Frau wollte auch nicht dort hinziehen. Seit einem halben Jahr war er im Vorruhestand und versuchte, mit detaillierter Lebenszeitaufzeichnung und Umzugsplanung sein Leben zu gestalten. Trotzdem war er sehr nervös, unruhig bis hin zum Hektischen. Letztendlich war er jetzt, wo er nicht mehr mit Berufskollegen zu tun hatte, im Umgang mit Menschen rechthaberisch und unerträglich geworden. Durch die Beendigung seiner Berufstätigkeit wurde er orientierungslos. Er suchte nach neuen Inhalten, die ihm offensichtlich nicht die Befriedigung und den Halt gaben, die für ihn nötig waren.

Ich brachte ihn mit einer Freiwilligenorganisation zusammen, die einen Organisator für ihr Benefizfestival suchte. Auch dort bewegte er sich zunächst unangepasst und verhielt sich in der Kommunikation so rechthaberisch, dass die Menschen, die mit ihm Kontakt hatten, sich zurückzogen. Seine Kompetenz allerdings in Organisation war unübersehbar und wurde gebraucht, deshalb duldete man ihn und ertrug ihn. Allerdings gingen die Menschen auch sehr offen mit ihm um und spiegelten ihm sein Verhalten wider. Es wurde deutlich, dass ihm nicht klar war, wie er sich verhielt. Er versicherte, er wolle die anderen gelten lassen, auf sie hören und mit ihnen zusammenarbeiten. Diese ihm sozusagen auf den Leib geschneiderte Arbeit ließ ihn Fröhlichkeit und Lockerheit gewinnen. Es schaffte es, auf andere einzugehen und bekam viel Anerkennung für seine Änderung von den anderen zurück. Er war rundherum zufrieden und entwickelte Ängste, wie es wohl für ihn sei, wenn das Festival beendet war, gab es dann noch »Verwendung«, Sinnvolles für ihn zu tun? Die Antwort war klar, das nächste Fest stand ins Haus. Bei allen späteren folgenden Kontakten erlebte ich ihn als angenehm, er legte mir keine zehn Seiten computergeschriebene Seiten mit dem Ablauf des täglichen Lebens mehr vor, aber er zeigte mir dezidierte Vorbereitungs- und Verlaufsprogramme, auch hörte ich nicht mehr von einem geplanten Umzug in die Berge.

Dieser Mann hatte kein einfaches Leben hinter sich, so manches Päckchen war ihm auferlegt worden, vieles im Leben ist von ihm auch wohl nicht sehr günstig beeinflusst worden. Außerdem hatte sein Charakter starre und rigide Züge. Der Vorruhestand hatte in diesem sehr aktiven Mann eine Unterstimulierungskrise ausgelöst. Aber nun hatte er eine Lebensaufgabe gefunden, etwas, das er in besonderer Weise konnte und auch leisten wollte, er hatte Sinn für sein Leben gefunden. Dadurch überwand er die Krise und wurde zufrieden. Vorher hatte er an der falschen Stelle nach der Lösung seiner Probleme gesucht. Er wollte etwas für sich tun, Zeitmanagementverbesserung und Haus in den Bergen. Er merkte, dass er durch eine Aufgabe, bei der er etwas für andere tat, zufrieden wurde und die Frage nach dem Sinn seines Lebens nicht mehr aufkam, weil sie offensichtlich beantwortet war. Er spürte, es ist wichtig, nötig und richtig, was du jetzt tust. Dadurch brauchte er kein Zeittagebuch mehr zu führen, für die sinnvolle freiwillige Tätigkeit fand er nämlich immer Zeit. Auch die Idee mit dem Haus in den Bergen rückte völlig in den Hintergrund. Bis heute reden die Menschen, die mit ihm am Anfang gearbeitet haben, über die Veränderung seiner Persönlichkeit im Laufe seiner Neuorientierung.

## *Demenz*

Wie war noch einmal ihr Name? Wie oft passiert es im Alltag, dass man Menschen begegnet, die man lange nicht gesehen hat. »Guten Tag, Frau …«, ja der Name ist weg, das Gedächtnis lässt einen im Stich. Viele haben den Eindruck, dass diese und andere Gedächtnislücken mit zunehmendem Alter größer werden. Lassen uns mit dem Älterwerden immer mehr Fähigkeiten im Stich? Manche ältere Menschen scheinen sich ganz in sich zurückzuziehen. Die Kindheit wird zurückgeholt und zur eigentlichen Wirklichkeit des alten Menschen. Da kann es sein, dass die alte Mutter ihre besuchende Tochter als ihre eigene Mutter wahrnimmt. Gerade für die auch schon erwachsenen Kinder ist das ein dramatischer Rollentausch. Die ehemals starken Eltern schlüpfen in die Rolle von Kindern, die Zuwendung und Fürsorge brauchen.

Der lateinische Begriff »Demenz« setzt sich aus »dis« und »mens« (Denken, Geist) zusammen, also »von Sinnen« ist eine etwas freie Übersetzung. Im 18. Jahrhundert wurde er zum ersten Mal verwendet, um den geistigen Verfall zu beschreiben. Die Krankheit betrifft den ganzen Menschen, die Erinnerung, die Orientierung, das logische Denken, Reaktion und Konzentration. Der Mensch hat sich in seinem Verhalten, Denken und Fühlen völlig oder teilweise in die Vergangenheit zurückgezogen. Der Mensch ist desorientiert, es ist wie ein Abtauchen in eine andere Welt, die Fähigkeiten, sich in dieser Welt zu orientieren, lassen nach. Das kann sich auf Zeit, Ort und Personen beziehen. Das Kurzzeitgedächtnis lässt nach. Die Erinnerung an eben Be- und Abgesprochenes ist nicht möglich. Er kann seinen Alltag nicht mehr selbstständig managen. Vielfältig kann diese Erkrankung in Erscheinung treten, oft ist sie ein schleichender Prozess. Trügerisch ist diese Krankheit deshalb für die Angehörigen, weil es auch bei schwer Erkrankten oft »lichte Momente«, Augenblicke der Orientierung und Klarheit gibt.

Es gibt viele Formen und Arten von Demenz, wie z. B. die wohl bekannteste, die Alzheimer Erkrankung. Dies ist nicht der Ort, die unterschiedlichen Formen aufzuzeigen.[38]

Nach den Thesen der Entwicklungspsychologie durchläuft jeder Mensch Reifungsstufen, in denen er bestimmte Aufgaben zu lösen hat. In der frühkindlichen Phase lernen wir Vertrauen. Vertrauen zur Bezugsperson, dass, wenn sie geht, sie auch wieder zurückkommt. Ich werde Hunger, Kälte und Angst überleben und ich weiß im besten Fall für mein Leben, dass ich nie allein gelassen sein werde und immer geliebt bin.

Wird dieses Vertrauen nicht entwickelt, wird dieses Menschenkind kaum eigenverantwortlich werden, es wird für alles, was ihm passiert, einen Schuldigen suchen. Es wird sich schwer tun, schwierige Zeiten durchzustehen. Wird es z. B. in der Kindertagesstätte fallen, wird es nicht lernen, besser aufzupassen, sondern es wird einem anderen Kind die Schuld geben, es gestoßen zu haben.

In der Kindheit lernen wir, dass wir etwas können. »Schau her, Mama, ich kann ohne deine Hand auf der Mauer balancieren.« Und wir schaffen es auch, Kontrolle über unseren Körper, unsere Körperausscheidungen auszuüben und sind stolz darauf, was wir produziert haben und sich nun im Topf befindet.

Läuft diese Phase nicht so gut, beherrschen Botschaften wie: »Mach nichts schmutzig, mach bloß keinen Fehler, pass auf« die Kindheit und wir werden belastete Jugendliche und Alte. Wir werden die zwanghafte Selbstkontrolle mit uns herumschleppen und Schwierigkeiten haben, unsere Gefühle einzugestehen.

38. Vgl. Medizin des Alterns, hg. v. W. von Renteln-Kruse, Darmstadt 2004, 118ff.

In der Adoleszenzphase steht Ablösung und Rebellion auf dem Fahrplan. Das eigene Ich wird erprobt, aus den liebenden Eltern werden zeitweise im Erleben der Jugendlichen Monster. Regeln werden gebrochen, es wird ausprobiert, wie die Eltern dann reagieren. Können die Eltern Grenzen zeigen, lassen sie Rebellion zu? Dadurch erfahren wir, wer wir sind, wir erleben im Anders-Sein zu den Eltern eigene, noch wackelige Identität. Wenn junge Menschen nicht das Gefühl haben, bedingungslos geliebt zu werden, versandet die Erprobung der eigenen Kräfte. Die Tochter muss das liebe Mädchen bleiben, weil die Mutter keinen Widerstand verkraftet. Sie lernt sich nicht kennen, weiß unter Umständen im Leben nie mehr, was sie will, weil sie es nicht lernen konnte. Wer eigentlich die Person ist, die in mir steckt, das wird nicht erfahren. Aus Angst vor Verlust schlagen wir uns auf die Seite der Autoritätsperson, und haben im Alter vielleicht das Gefühl, nichts wert, »niemand« zu sein.

Wenn wir unsere Lektionen im Lebensprozess erfolgreich absolviert haben, werden wir zu Erwachsenen, die Verantwortung übernehmen und sich anderen Menschen liebevoll zuwenden können. Ich kann meine eigene Meinung sagen, ohne Angst, die Liebe des anderen zu verlieren. Wir können der kommenden Generation in ihren Lebensphasen das geben, was sie zu einer guten Entwicklung brauchen.

> *»Die fünfte Lebensaufgabe wartet auf uns, wenn wir im mittleren Alter sind: wie ein Schilfrohr nachgeben zu lernen, bevor wir brechen. Wir merken, dass aus unseren Fältchen Falten werden ... Die Haut ... hängt an uns wie ein zu großes Kleidungsstück; ...«*
>
> NAOMI FEIL

Aus: Naomi Feil, Ausbruch in die Menschenwürde, Himberg bei Wien 1993, S. 35/36

Im Alter gilt es Rechenschaft über das Leben abzulegen. Finden wir heraus, wer wir waren, wenn wir zurückschauen? Wir bereiten uns vor, Abschied zu nehmen und zu sterben. Ich bin vielleicht nicht das geworden, was ich werden wollte, aber ich habe mich mit den Gegebenheiten in meinem Leben arrangiert, das Beste aus meinen Fähigkeiten unter den Bedingungen meines Lebens gemacht. Trotz unerfüllter Wünsche und Verluste freue ich mich zu leben.

Vielleicht kann man im Leben zu einer reifen Haltung der eigenen Person gegenüber kommen, die so aussehen kann:

Ich bin ich selbst. Es gibt auf der ganzen Welt keinen, der mir vollkommen gleich ist. Es gibt Menschen, die mir ähnlich sind, aber niemand ist in allem wie ich. Deshalb ist alles, was von mir kommt, unerschütterlich zu mir gehörig. Alles, was Teil meines Selbst ist, gehört mir – mein Körper und alles, was er tut, mein Geist und meine Seele mit den dazugehörigen Gedanken und Ideen, meine Augen und die Bilder, die sie aufnehmen, meine Gefühle, sei es: Ärger, Freude, Frustration, Liebe, Enttäuschung, Erregung; mein Mund und die Worte, die aus ihm kommen, höflich, liebevoll oder barsch, richtig oder falsch, meine Stimme, laut oder sanft, und alles, was ich tue in Beziehung zu anderen und zu mir selbst.

Mir gehören meine Fantasien, meine Träume, meine Hoffnungen und meine Ängste. Mir gehören meine Niederlagen und Erfolge, mein Versagen und meine Fehler.

Ich weiß, dass es manches an mir gibt, was ich nicht verstehe, und manches, was mir gar nicht bewusst ist. Aber solange ich liebevoll und freundlich mit mir selbst umgehe, kann ich mutig und voll Hoffnung darangehen, Wege durch die Welt zu finden und Neues an mir selbst zu entdecken.

Können wir unser Leben so integriert erfahren und verarbeiten? Wenn wir nicht auf diese Weise auf unser Leben schauen können, packt uns Hoffnungslosigkeit und Depression, die Verzweiflung naht.

> *»Jeder Lebensabschnitt hat eine zu ihm gehörige einzigartige Aufgabe. Wenn man sie übergeht, tauchen unerfüllte Lebensaufgaben später im Leben noch einmal auf … Sie ist sehr hartnäckig und verfolgt uns sogar bis ins hohe Alter. Wenn wir immer noch so tun, als ob wir sie nicht sähen, wird sie auf den Moment warten, wo sie die Bühne für sich alleine hat … Sie wartet, bis wir unsere feste Rolle auf dieser Bühne vergessen haben, dann tritt sie wieder in Erscheinung.*
>
> NAOMI FEIL

Aus: Naomi Feil, Ausbruch in die Menschenwürde, Himberg bei Wien 1993, S. 37.

Im Ausdruck der Altersverwirrung kann sich solch unverarbeitetes Leben spiegeln. Demenz und Alzheimer sind in keiner Weise völlig erforscht, viele medizinische und ernährungsphysiologische Hypothesen werden aufgestellt. Die oben genannte Verstehensweise der Verwirrtheit von Naomi Feil hilft und erleuchtet den Umgang mit erkrankten Menschen.

Wir haben gelernt, schon Erinnerungsschwächen wie oben beschrieben als Defizit anzusehen. Aber in dieser Hinsicht dürfen wir umlernen. Der Bonner Neurophysiologe Detlef Linke wirbt für ein positives Verständnis der Veränderungen im Alter. Sie werden von ihm nicht als Abbauprozesse verstanden. Er sieht in ihnen Bündelungs- und Zuspitzungsprozesse, die das Einmalige der Person im Alter in besonderer Weise zum Tragen kommen lassen. Alterungsvorgänge werden demnach als Zuspitzung auf den Wesenskern verstanden. Es geht nun nicht mehr um die Abrufbarkeit einer Fülle von Fähigkeiten und Fertigkeiten, sondern um eine Bündelung der der Person eigen gewordenen Möglichkeiten, um die im guten Sinn mögliche Vereinheitlichung des Menschen, die sich dann auch in der spezifischen Hirnentwicklung im Alter zeigt.

Ähnliche Ansätze sind eben auch in der Altersverwirrtenforschung zu registrieren. Die Verwirrtheit alter Menschen, die Demenz oder Alzheimer Erkrankung wird als sinnvolle Möglichkeit des Menschen, einen Ausweg aus einer im Augenblick unbefriedigenden Situation zu finden, verstanden, indem er sich in eine andere Welt zurückzieht, die dem/der Besucher/in oder der Krankenschwester nicht zugänglich ist. Also ist dieses auf den ersten Blick scheinbar sinnlose Verhalten durchaus sinnvoll für die Betroffenen. In seine Welt zurückgezogen, versucht der Ältere innere Konflikte zu lösen, die er bisher nicht lösen konnte. Für Außenstehende sind diese Lösungsmechanismen nicht durchschaubar. Was erkrankte Menschen tun, erscheint unsinnig, obwohl es zutiefst sinnvoll sein kann, nämlich eine Form von Problemlösung. Es bedarf Kenntnissen über diese Form der Bewältigung, um Menschen dann in ihrer krankhaft gefärbten Form der Bearbeitung ihrer Konflikte zu unterstützen.

Wie gehe ich damit um?

Der Umgang mit altersverwirrten Menschen ist schwierig: für Beratende, für Pfleger und Pflegerinnen, aber auch für die Angehörigen. Es ist nicht einzuordnen und mit normalen Mitteln nicht zu verstehen, was der Kranke will. Validation ist eine einfühlende Kommunikation, die alten Menschen hilft, ihre Würde wieder zu finden (siehe Kap. 5, Seite 96f.). Sie unterstützt diese Menschen darin, dass sie ihre Lebenshausaufgaben machen und in Ruhe Abschied nehmen können.

Verstehen verwirrter Menschen heißt, auch die körperliche Situation des alten Menschen zu beachten und ernst zu nehmen. Die Rückkehr des Kranken in die Vergangenheit wird nicht pathologisiert, sondern als Form von Heilung verstanden, weil diese Rückkehr einen Sinn, eine Funktion hat. Hinter ihrem Verhalten steckt eine Ursache, diese Erkenntnis oder Voraussetzung erleichtert die Annahme dieses Verhaltens. Es kann von Beratenden, Angehörigen und Pflegenden z. B. als Lösungsansatz und Heilung gewürdigt werden. Diese

Haltung wiederum wirkt sich auf den Kranken aus. Er erfährt durch diese Wertschätzung und Anteilnahme Hilfe, sein Selbstwertgefühl wird stabilisiert, sodass die Verbindung zum Kranken nicht abreißt und weitere Kommunikation möglich ist.

Was ist in der Beratung wichtig?
Die Symptome der Altersdemenz, die mit Aggressivität und Beschuldigungen einhergehen, können als Möglichkeit verstanden werden, Probleme, die aus der Vergangenheit herrühren, zu bewältigen. Das Verhalten der Kranken ist nicht nur Ausdruck einer körperlichen Veränderung, es gibt noch andere Gründe für diesen Menschen, sich auf diese Weise zu verhalten. Das wahrgenommene Verhalten wird nicht abgewertet oder korrigiert, es wird ernst genommen und wertgeschätzt. Diese Haltung dem erkrankten Menschen gegenüber ist die Voraussetzung für eine angemessene Begleitung.

Ich erkenne sein Verhalten an und stelle nicht den Inhalt oder den Ausdruck, wie z. B. die Aggression, einer Aussage in den Vordergrund. Dem Vorwurf, dass etwas gestohlen wurde, wird man zum Beispiel oft begegnen. Erläuterungen und Erklärungen sind fehl am Platz. Ebenso Bewertungen, wie: »Bitte halte dich zurück, wie kannst du nur einen anderen Menschen beschuldigen!« Es geht um die Frage, was steckt hinter der Botschaft?

Wir können versuchen, in die Welt des Kranken »hineinzukrabbeln«, um etwas von dem zu verstehen, was er uns mitteilen will. Unter der Prämisse, dass die Rückkehr in die Vergangenheit einen Sinn macht, den ich noch nicht erkenne, vielleicht aber doch ein wenig erfassen kann, lasse ich mich auf die andere Welt des Kranken ein. Also wird gefragt: »Wer stiehlt dir die Sachen? – Was nimmt er noch mit?« Wenn geklagt wird, z. B. über Schmerzen, dann kann ich fragen: »Wie fühlt sich der Schmerz an? Wann tritt er auf? Wo ist er am schlimmsten?« Auch wenn Klage über das Verhalten vom Zimmernachbarn geführt wird, kann ähnlich gefragt werden: »Was tut er? Was ist das Schlimmste für dich?«

Wenn ihnen keine Fragen einfallen, wiederholen Sie mit Ihren Worten, was der andere gesagt hat. Ermuntern Sie ihn weiterzusprechen. Geben Sie Ihrer Stimme einen freundlichen, sanften Ausdruck, bleiben Sie geduldig und aufmerksam. Oft werden bedrängende und längst verdrängte Gefühle über Personen oder Gegenstände der Gegenwart ausgedrückt. Eine 80-jährige Frau erzählte bei jedem Besuch, dass die Nachbarin eine »leichtlebige« Person sei, die sich mit jedem Kerl im Altersheim einlassen würde. Aus meiner Sicht erschien es mir so, dass sie ihren Zorn und ihren Kummer über etwas anderes an der Nachbarin herausließ. Sie selbst war nämlich vor vielen Jahrzehnten Witwe geworden und hatte sich ihrer Trauer, ihrer Verbitterung darüber nicht stellen können, weil sie wohl Angst hatte, die Gefühle würden sie »über- oder wegschwemmen«. Sie wollte keine Einsicht in ihr Verhalten und sie leugnete ihre Gefühle. Der Ärger über die andere war ein Ventil der verleugneten Gefühle.

Diese Frau wollte auch nicht berührt werden, man sollte ihr nicht so nah kommen, das konnte und wollte sie nicht aushalten.

Manche Menschen wollen keine Einsicht in ihr Verhalten, mit ihren Gefühlen nicht vertraut gemacht werden, das macht zu viel Angst. Sie wollen ihr Verhalten nicht analysieren, nicht konfrontiert werden oder ihr Verhalten ändern. Akzeptieren Sie diese Form der Problemlösung des anderen. Einfühlendes Begleiten ist dann die einzige Möglichkeit, um das Leben erträglich zu machen und eine Verschlimmerung des Zustandes zu verhindern.

Was passiert, indem wir auf diese Weise fragen und nicht zurechtweisen oder korrigieren? Wir begeben uns dorthin, wo der andere ist, in seine Welt, wir versuchen zu verstehen, lassen uns von dem anderen führen. Es ist im Bild gesprochen so, als wenn wir uns von einem Maulwurf durch Höhlensysteme führen lassen. Für uns ist alles fremd, unverständlich – der Maulwurf aber kennt sich aus.

Das Eintauchen in die Vergangenheit, das Mitschwingen mit den alten Menschen kann stimuliert werden, z. B. mit Haushaltsgegenständen von früher, wie Kaffeemahlmaschine, Reibe. Ein Gespräch darüber kann dem alten Menschen helfen, sich kompetent zu fühlen. Auch basale Stimulation durch Farben, Musik oder Düfte ist hilfreich. Zum Beispiel stimuliert der Duft der bekannten Marke 4711 ältere Damen und sie erzählen von ihren ersten Gehversuchen auf dem Gebiet der Zweisamkeit. Auch Lieder der »Mundorgel« wecken Erinnerungen. Dort in der Vergangenheit fühlt sich der Kranke wohl, dort kennt er sich aus, wir dürfen begleiten und zuhören.

Verwirrte Menschen vergessen oft zu essen. Eine Studie aus den USA zeigt, dass knallbuntes Geschirr zum Essen und Trinken animiert, es wurden 25 % mehr gegessen und getrunken. Die Vermutung der Forscher ist, dass hier nicht alleine die Farben stimulierend wirken, sondern auch der Kontrast der Farben des Geschirrs zum Tisch. Die Erkrankten konnten das Geschirr auf diese Weise besser wahrnehmen.

Zusammenfassend können folgende Grundsätze die Beratungsarbeit mit Demenzerkrankten leiten:

Alle Menschen sind einzigartig und werden als Personen ernst genommen. Alle Menschen sind wertvoll, gleichgültig, in welchem Ausmaß sie verwirrt sind. Verhalten von verwirrten Menschen macht Sinn. Das verwirrte Verhalten in sehr hohem Alter ist nicht nur eine Folge anatomischer Veränderungen des Gehirns, sondern das Ergebnis einer Kombination von körperlichen, sozialen und psychischen Veränderungen, die im Laufe eines Lebens stattgefunden haben.

Das Verhalten alter Menschen wird nicht beurteilt oder korrigiert. Wenn das Kurzzeitgedächtnis nachlässt, versuchen ältere Erwachsene, ihr Leben wieder in ein Gleichgewicht zu bringen, indem sie evtl. auf frühere Erinnerungen zurückgreifen. Wenn die Sehstärke nachlässt, versuchen sie mit dem inneren Auge zu sehen. Wenn ihr Gehör immer mehr nachlässt, hören sie Klänge aus der Vergangenheit.

Schmerzliche Gefühle, die ausgedrückt, anerkannt und von einer vertrauten Beratungsperson validiert werden, werden schwächer. Schmerzliche Gefühle, die ignoriert oder unterdrückt werden, werden stärker. Einfühlung und Mitgefühl führt zu Vertrauen und verringert Angstzustände und stellt die Würde wieder her.

*Vorbeugung:* Zuerst die gute Nachricht: Einigen Prognosen nach werden in 30 bis 40 Jahren Medikamente gegen die Alzheimer Erkrankung entwickelt sein.

Aber was können wir zurzeit zur Vorbeugung tun? Schach spielen, Vitamin B-Tabletten nehmen, bis ins hohe Alter tanzen? Bewegen und nicht zu fett essen? Eine insgesamt gesunde Ernährung und Lebensweise beugen dieser Krankheit vor. Aber auch und gerade unsere Psyche gilt es nicht zu vernachlässigen. Haben wir unsere Lebenshausaufgaben gemacht, was ist nachzuholen, was kann nachgeholt werden? Habe ich mir Rechenschaft über mein Leben gegeben? Habe ich auch meine Beziehung zu Gott gepflegt? Gibt es Sinn in meinem Leben, was macht Sinn? Vieles ist im Leben und im Alter zu bewältigen, beispielhaft wurden die Themen Einsamkeit und Unzufriedenheit herausgegriffen. Andere Schwierigkeiten und Probleme rühren oft von diesen Grundproblemen her.

Die Häufigkeit der Demenzerkrankungen wird zunächst aber noch steigen. Diese schwere, auch körperliche Erkrankung im Alter wurde herausgegriffen, um ein Verstehen und Umgehen mit dieser Krankheit zu ermöglichen.

# *Gemeinsam sind wir stark!*

## 6. Kirchlich-gemeindliche Notwendigkeiten

Welche Aufgabe hat die Kirche, die Kirchengemeinde in der Frage der Altersentwicklung?

Sie ist aus meiner Sicht Ermutigerin, Ermächtigerin und Bereitstellerin dafür, damit alte Menschen bis ins hohe Alter das Gefühl haben, sinnvoll, gemeinschaftsfördernd und nützlich zu leben, eingebettet in eine starke Gemeinschaft, die hilft und Hilfe auch von den Älteren selbst einfordert.

Je mehr alte Menschen sich einbringen und d. h. je mehr Möglichkeiten ihnen dazu bereitgestellt oder geboten werden, um sich einzubringen, je akzeptierter sind sie. Eine Gemeinschaft, in der die Zahl der Jahre, die ein Mensch zählt, nicht entscheidend ist, ist eine Gemeinschaft, die das Alter akzeptiert und integriert. Vorbild kann in diesem Fall das Altersverständnis des Alten Testaments sein: Nicht das Alter eines Menschen ist entscheidend, relevant für das Leben ist allein seine Beziehung zu Gott (siehe Kap. 2, Seite 31/32). Es ist notwendig, dass alte Menschen zu allen Bereichen des Lebens Zugang haben. Bisher wird den jungen Menschen vorrangig der Bereich der Bildung, den Erwachsenen der Bereich der Arbeit, den Alten der Bereich der Freizeit zugeordnet. In einer altersintegrierten Gesellschaft hat der alte Mensch Möglichkeiten, an allen drei Bereichen zu partizipieren. Die Kirchengemeinden könnten Vorreiterrollen auf der Bereitung dieses Weges übernehmen. Sie können alte Menschen ermutigen, die Altersrolle anzunehmen, z. B. durch einen bewussten Eintritt ins Altern, eine Initiation ins Alter.

## Die Goldene Konfirmation als Initiation ins Altern

Wie kann Menschen der Eintritt ins Altern bewusst gemacht und mit ihnen auch bewusst gestaltet werden? Wie kann er begangen werden? Die evangelische Kirche kennt die Goldene Konfirmation, diese kann als Initiation ins Altern verstanden werden. Ähnlich wird schon die grüne Konfirmation als Initiation ins Erwachsenenalter verstanden.

Unter soziologischem Aspekt kann der Gottesdienst zur Goldenen Konfirmation die Initiation eines Menschen ins Altern feiern, einen Statusübergang öffentlich bekunden, der sich im Lebensfeld des Einzelnen z. B. durch den Eintritt in den Ruhestand, den Auszug der Kinder, den Wechsel der Wohnung oder Ähnlichem manifestiert. Die gesellschaftliche Dokumentation erleichtert dabei die persönliche Akzeptanz, befähigt durch Bewusstmachung zu neuer Rollenfindung, z. B. der Übernahme von Ehrenämtern oder dem Eingehen einer neuen Beziehung. Die Annahme neuer Lebensverhältnisse und -möglichkeiten wird in der Begehung der Kasualie vorwegnehmend dargestellt.

Die Einbeziehung jüngerer Generationen in die Feier kann helfen, Distanz und Vorurteile Älteren gegenüber abzubauen. Wenn die negativen Altersstereotypen vor allem durch mangelnde Kenntnisse der Jüngeren über das Leben der alten Menschen bedingt sind, ist es sinnvoll, im Rahmen der Vorbereitung und Durchführung der Goldenen Konfirmation eine Annäherung der Generationen zu versuchen.

Aus gerontologischer Sicht stellt sich die Frage: Wie kann mit der Wahrnehmung der eigenen Veränderungsprozesse im Alter umgegangen werden? Wie können Veränderungen so angenommen und integriert werden, dass sie das Persönlichkeitswachstum fördern und nicht hindern?

Ziel der Goldenen Konfirmation wäre es, eine Akzeptanz der eigenen Lebensgeschichte, so wie sie gewesen ist, und damit Versöhnung mit dem eigenen Leben zu erreichen. Auch das aus persönlicher Sicht Misslungene gilt es, in die eigene Lebenssicht als etwas Unausweichliches und Nötiges zu integrieren. In der Begehung der Alterskasualie können diese Aspekte im persönlichen Schuldbekenntnis zur Sprache kommen, in der Gnadenzusage kann die Erfahrung gemacht werden, dass auch das Missglückte aufgehoben ist bei Gott.

Dem Menschen zu helfen, veränderte physische und psychische Bedingungen zu akzeptieren und in sein Selbstbild zu integrieren, um ihn so durch Annahme seiner Veränderungsprozesse zum Weiterleben zu befähigen, ist also unter gerontologischer Perspektive Aufgabe der Alterskasualie. Sie kann es möglich machen, ein neues selbstbewusstes Selbstverständnis zu erlangen, das durch die Erfahrung der eigenen Grenzen und Beschränkungen auf Über-sich-Hinausweisendes vertrauen kann.

Auch die körperlichen Veränderungen im Alter, wie z. B. hirnorganische Prozesse, die bisher als Einschränkungsprozesse interpretiert wurden, können im Rahmen der seelsorglichen Begleitung und der Feier der Goldenen Konfirmation neu als Fokussierungsprozesse gesehen und verstanden werden. Auch hier ermöglicht Bewusstmachung und Akzeptanz der schöpfungsmäßigen Grenzen menschlichen Lebens dem Menschen, neue Aufgaben zu erkennen, und befähigt ihn, sie in Angriff zu nehmen.

Zuversicht und Trost als die Wirkungen des Geistes Gottes können den Altwerdenden in der Erkenntnis der Grenze menschlichen Daseins im Gottesdienst zuteil werden, zugleich mit der Möglichkeit, über diese Grenze hinauszuschauen.

Nicht zuletzt der bewusste Abschied von der reichen Fülle dieses Lebens in der Hoffnung auf die Fülle des neuen Lebens kann ihnen angeboten werden. Solch eine Veränderung der Sichtweise hilft, das letzte Stück Leben, das es nun noch zu leben gilt und das vielleicht nicht von Fülle gekennzeichnet ist, in Freude und Dankbarkeit über das Verbleibende zu leben. Alte Menschen können so eine neue Wirklichkeit in ihr jetziges Leben hineinholen (Joh 6,58), sie sind nicht allein gelassen – und weil sie Gottes Herrschaftsanspruch anerkennen, ist das Reich Gottes in ihnen schon angebrochen.

Ihren Auftrag anzunehmen und mit den ihnen eigenen Gaben des Alters an dieser Welt teilzuhaben und Verantwortung zu tragen, dazu verhilft der Geist. Barmherzigkeit (Jak 2,13), Demut (Jak 4,6) und Geduld (Jak 4,7-12) sind seine Früchte, an Erbarmen, Gerechtigkeit und Frieden können wir Anteil haben. Eine tief greifende und wärmende Menschenliebe kann alten Menschen eigen sein, Geduld, die geprägt ist vom Wissen um die Ungeduld, ein oft ungeheuer Mut[39] kann es ihnen in totalitären und menschenverachtenden Systemen möglich machen, im Bewusstsein ihrer Angst Partei für die Menschlichkeit zu ergreifen. Diese Fähigkeiten können Menschen in der seelsorglichen Begleitung und in der Feier der Goldenen Konfirmation zugetraut und zugesprochen werden, auf Grund der Gewissheit, dass sie ihnen durch den Geist schon eigen sind. Diese eschatologische Gewiss-

39. Demut im Sinne von dienendem Mut, der Herkunft dieses Wortes entsprechend: Duden, Das Herkunftswörterbuch, 1989, 120.

heit hat Auswirkungen auf den Lebensvollzug. Der ältere Mensch kann unabhängig von seiner Situation die Aufgaben, die Gott für ihn im Alter bereithält, tun.

## Predigtbeispiel: Die andere Hoffnung Ansprache zur Goldenen Konfirmation

> *Und ich hörte eine große Stimme von dem Thron her, die sprach: Siehe da, die Hütte Gottes bei den Menschen! Und er wird bei ihnen wohnen, und sie werden sein Volk sein, und er selbst, Gott mit ihnen, wird ihr Gott sein; und Gott wird abwischen alle Tränen von ihren Augen, und der Tod wird nicht mehr sein, noch Leid noch Geschrei noch Schmerz wird mehr sein; denn das Erste ist vergangen. Und der auf dem Thron saß, sprach: Siehe, ich mache alles neu! Und er spricht: Schreibe, denn diese Worte sind wahrhaftig und gewiss! Und er sprach zu mir: Es ist geschehen. Ich bin das A und das O, der Anfang und das Ende. Ich will dem Durstigen geben von der Quelle des lebendigen Wassers umsonst. Wer überwindet, der wird es alles ererben, und ich werde sein Gott sein, und er wird mein Sohn sein.*
>
> Offenbarung 21,3-7

Liebe Goldene Konfirmanden, liebe Goldene Konfirmandinnen, liebe Gemeinde!

Ein langes Stück Leben – ein ausgedehnter Lebensweg – liegt hinter Ihnen; was noch kommt, wissen Sie nicht – noch einmal halb so viel wie bisher – oder weniger? Aber der Tag heute lässt uns freuen, dass Ihnen die Gnade zuteil wurde, dieses Alter, diesen Tag der Goldenen Konfirmation zu erleben. Fünf von Ihnen ist dieses Geschenk nicht zuteil geworden.

Unser Predigttext spricht von einer schönen Vision, dass alles neu wird, dass alles gut wird, Trauer und Leid zu Ende sind.

Hoffen? Kann man das auch noch im Alter, dann, wenn man im Leben viel durchgemacht hat, wie Sie: den Krieg in den Jugendjahren, die Nachkriegszeit, Freude und Leid in und mit der Familie und nun manchmal auch die Einsamkeit? Kann man da noch hoffen? Hoffen, dass alles gut geht, dass alles gut wird, wie der Predigttext es sagt: »Und Gott wird abwischen alle Tränen von ihren Augen, und der Tod wird nicht mehr sein, noch Leid noch Geschrei noch Schmerz wird mehr sein, denn das Erste ist vergangen.«

Vielleicht ist die Hoffnung im Alter eine andere als in der Jugend – eine geläuterte –, eine Hoffnung, die andere Erwartungen als die Hoffnung der Jugend trägt. Früher war die Hoffnung geprägt von Erwartungen eines guten Lebens mit genügend Auskommen und Geld. Vielleicht war auch die Hoffnung da, als Sie Konfirmanden waren, das große Glück im Leben zu machen – alles lag ja vor Ihnen. Heute können und dürfen Sie auch noch hoffen. Die Inhalte der Hoffnung sind andere geworden. Hoffnung im Alter heißt oftmals, sich noch ein Stückchen Leben, einige Jahre wünschen – einige erfüllte Augenblicke, vielleicht mit den Kindern und Enkelkindern. Hoffnung darauf, nicht einsam sein zu müssen, wenn man alt, pflegebedürftig oder gebrechlich wird. Hoffen wird man auch, dass man nicht unnötig leiden muss.

Ich denke, die größte Hoffnung im Leben, besonders im älter gewordenen Leben ist die Hoffnung auf Gott, ER ist A und O, Anfang und Ende. Er gab uns das Leben; wir haben es angenommen mit Freude und Leid. Jetzt können wir jeden Tag dankbar sein für dieses, sein Geschenk, die Lebensaugenblicke, die er noch für uns bereithält. Auf Gott gehen wir zu; er lässt uns nicht allein – seine Geborgenheit kommt uns näher. Bei Gott wird es nichts mehr geben, was uns bedroht, wie das Leid und den Schmerz, die zum Leben gehören. Bei Gott wird alles neu, heil, ganz und gut sein – wir und unser ganzes Leben – eine schöne Hoffnung. Ein Stückchen Geborgenheit in dem ungeborgenen Leben! Ein schönes Zukunftsbild, eine große Hoffnung.

## Predigtbeispiel: Nikodemus

Alt sein und neugeboren werden – wie geht das? Diese Frage beschäftigt Nikodemus.

> *Es war aber ein Mensch unter den Pharisäern mit Namen Nikodemus, einer von den Oberen der Juden. Der kam zu Jesus bei Nacht und sprach zu ihm: Meister, wir wissen, du bist ein Lehrer, von Gott gekommen; denn niemand kann die Zeichen tun, die du tust, es sei denn Gott mit ihm. Jesus antwortete und sprach zu ihm: Wahrlich, wahrlich, ich sage dir: Es sei denn, dass jemand von neuem geboren werde, so kann er das Reich Gottes nicht sehen. Nikodemus spricht zu ihm: Wie kann ein Mensch geboren werden, wenn er alt ist? Kann er denn wieder in seiner Mutter Leib gehen und geboren werden? Jesus antwortete: Wahrlich, wahrlich, ich sage dir: Es sei denn, dass jemand geboren werde*

*aus Wasser und Geist, so kann er nicht in das Reich Gottes kommen. Was vom Fleisch geboren ist, das ist Fleisch; und was vom Geist geboren ist, das ist Geist. Wundere dich nicht, dass ich dir gesagt habe: Ihr müsst von neuem geboren werden. Der Wind bläst, wo er will, und du hörst sein Sausen wohl; aber du weißt nicht, woher er kommt und wohin er fährt. So ist es bei jedem, der aus dem Geist geboren ist. Nikodemus antwortete und sprach zu ihm: Wie kann dies geschehen? Jesus antwortete und sprach zu ihm: Bist du Israels Lehrer und weißt das nicht? Wahrlich, wahrlich, ich sage dir: Wir reden, was wir wissen, und bezeugen, was wir gesehen haben; ihr aber nehmt unser Zeugnis nicht an. Glaubt ihr nicht, wenn ich euch von irdischen Dingen sage, wie werdet ihr glauben, wenn ich euch von himmlischen Dingen sage? Und niemand ist gen Himmel aufgefahren außer dem, der vom Himmel herabgekommen ist, nämlich der Menschensohn. Und wie Mose in der Wüste die Schlange erhöht hat, so muss der Menschensohn erhöht werden, damit alle, die an ihn glauben, das ewige Leben haben. Denn also hat Gott die Welt geliebt, dass er seinen eingeborenen Sohn gab, damit alle, die an ihn glauben, nicht verloren werden, sondern das ewige Leben haben.*

Joh. 3,1-16

Auch alte Menschen fragen und suchen nach dem richtigen Weg im Leben. Sie suchen nach Sinn, nach Gott, nach Neubeginn. Das Beispiel des gelehrten Nikodemus zeigt, dass man gerade im Alter angesichts des Todes und der Frage des ewigen Lebens Suchender und Fragender werden darf. Der älter gewordene Mensch ist jemand, der auf eine besondere Weise fragt und sucht. Durch die Erfahrungen seines Lebens hat er viele Antwortmöglichkeiten hinsichtlich der Frage nach dem Sinn des Lebens schon ausgeschlossen. Oft bleibt eine befriedigende Antwort aus, und die Angst wächst, wie bei Nikodemus, als alter Mensch den Sinn des Lebens zu verfehlen. So fürchtete Nikodemus, nicht mehr wiedergeboren zu werden, weil er zu alt ist (Joh 3,4). Er hat Angst, sein Leben sei verfehlt oder unnötig gewesen. Er hat Angst, dass er seinem Leben in seinem Alter nicht mehr die richtige Richtung geben kann. Er befürchtet, dass eine wirkliche Veränderung nicht mehr möglich ist. Mit diesem Anliegen wendet er sich an Jesus.

Durch ihn erkennt er, dass die Veränderung in der Erkenntnis und die Erneuerung im Glauben im Alter möglich ist. Sie ist nicht vom Alter abhängig. Die Beziehung zu Gott ist unabhängig von den Jahren. Man kann sich ihm immer wieder neu zuwenden, egal wie alt man ist. Und man kann erfahren, dass die Zuwendung zu Gott wie eine Geburt sein kann. Sie beinhaltet eine neue Qualität des Seins, es ist ein Neuwerden. Die Erfahrung des Alterns, das Abnehmen der psychischen und physischen Leistungsfähigkeit ist nicht das, was letztlich über den Menschen entscheidet. Auch im Alter ist Neugeburt möglich, die Neugeburt einer Gottesbeziehung, der Neubeginn eines abgebrochenen Gesprächs mit Gott. Es ist wirklich nie zu spät.

Oft hatten wir in den Kinderjahren ein ganz nahes Verhältnis zu Gott. Er war selbstverständlich da. In den Jugendjahren kamen die ersten Fragen auf. Warum hat Gott Kriege zugelassen? Wo ist dieser liebe Gott? In der Zeit der Familiengründung und des Existenzaufbaus gerät die Frage nach Gott in den Hintergrund. Aber von der Lebensmitte an werden die Stimmen in uns selbst wieder lauter, die nach Gott, nach dem Sinn des Lebens fragen. Und im Alter stellen wir vielleicht mit Nikodemus zusammen die Frage: Können wir mit Gott noch einmal neu anfangen? Uns auf ihn einlassen wie als Kinder? Es ist möglich, sich ihm in die Arme zu werfen, unserem Gott, so wie Kinder in die wartenden Arme der Eltern laufen. Er fängt uns auf.

Von einem Rabbi wird erzählt, dass er in einer Runde mit anderen plötzlich die Frage einwarf: Wo wohnt Gott? Als keine Antwort kam, gab er sie selbst. Gott wohnt dort, wo man ihn einlässt. – Ja, vielleicht ist es so einfach! Gott wohnt dort, wo man ihn einlässt!

## Andacht: Thema Kind Gottes

> *Denn welche der Geist Gottes treibt, die sind Gottes Kinder. Denn ihr habt nicht einen knechtischen Geist empfangen, dass ihr euch abermals fürchten müsstet; sondern ihr habt einen kindlichen Geist empfangen, durch den wir rufen: Abba, lieber Vater! Der Geist selbst gibt Zeugnis unserm Geist, dass wir Gottes Kinder sind. Sind wir aber Kinder, so sind wir auch Erben, nämlich Gottes Erben und Miterben Christi, wenn wir denn mit ihm leiden, damit wir auch mit zur Herrlichkeit erhoben werden.*
>
> Röm 8,14-17

Kind sein … viele Erwachsene haben die Kindheit in guter Erinnerung. Das war noch schön – bei vielen von uns Erwachsenen verklärt sich die Zeit der Kindheit beim Rückblick in die Vergangenheit. Wer seine Kindheit nicht positiv erinnert, der trauert meistens darüber, auch noch als Erwachsener. Was ist das, was uns so sehnsüchtig auf die Kindheit blicken lässt? Vielleicht das: Damals wurden wir umsorgt. Andere trugen die Verantwortung – und so konnten wir mutig sein und Grenzen ausprobieren. Wir hatten Hoffnungen, Erwartungen und Träume.

Alle Menschen sind Kinder Gottes und haben einen Vater. Als Kinder Gottes sind alle Menschen Geschwister. Als Geschwister sind wir füreinander da und aufeinander angewiesen. Und zwar generationsübergreifend. Wieder Kind sein dürfen, einen guten Vater, eine gute Mutter haben zu können, das scheint eine entlastende Vorstellung zu sein. Wir verbinden nämlich damit, dass da noch jemand ist, der hinter uns steht. Er hält mich an der Hand, wenn etwas nicht so geht, wie ich das will, er lässt mich nicht los. Der hilft mir aber auch, wenn ich allein gehen will, und lässt mich. Ich bin es, der hingehen kann und mir Unterstützung und Hilfe holen kann bei den Eltern, oder ich kann auch darauf verzichten.

Eine ideale Kindheit gibt es nicht. Und doch bleibt die Sehnsucht nach Geborgenheit. Auch als Erwachsene dürfen wir Kinder sein, bleiben wir Kinder, so sagt es der Bibeltext. Kinder in dieser guten Weise: die alleine ihren Weg gehen dürfen, wenn sie wollen, die aber auch Hilfe bekommen, wenn sie diese möchten. Also: Wir dürfen heute auch noch Kinder sein: Kinder Gottes. Das ist Gottes Zusage, die uns Jesus weitergesagt hat. Wir dürfen zu Gott »Papi« – »Abba« sagen. Jesus lebt es uns vor, »Papi« zu Gott zu sagen. Es war damals, zur Zeit Jesu, vor fast 2000 Jahren, genauso ungewöhnlich, von Gott in dieser Koseform von Papa zu reden, wie heute. Aber gerade, dass wir Gott so nennen dürfen, drückt das zärtliche Verhältnis aus, das Gott zu uns hat und das wir zu ihm haben dürfen.

Wenn wir heute als Erwachsene »Papi« zu Gott sagen, sprechen wir das sicher anders aus als Kinder. Auch werden wir die Beziehung zu ihm anders erleben als Kinder. Kinder haben eine ganz unmittelbare Beziehung zu Gott, zu der anderen Welt, die unseren Alltag umfängt. Wir sind Erwachsene und es ist eine andere Wirklichkeit, die wir erleben – nicht selten durch Fragen und Zweifel geprägt. Wenn wir dann doch »Papi«, »Väterchen«, zu Gott sagen können, dann sprechen wir aus einer anderen Wirklichkeit heraus. Wir sagen das dann trotzdem, obwohl uns die Welt gottlos erscheint. Wir sagen es, obwohl wir die Verantwortung für unser Leben tragen, obwohl wir erwachsen sind.

Ich denke, wenn wir so ein Verhältnis zu Gott haben, können wir uns als seine Kinder begreifen. Wir lieben ihn trotz allem, was wir sehen, trotz allem, worunter wir leiden. Es ist eine geläuterte Form der Naivität, gemeint ist damit die Unmittelbarkeit, die direkte, unverstellte Beziehung zu Gott. In der Religionspädagogik spricht man von der zweiten Naivität. Wir sind durch das Leben gegangen, wir haben erlitten und ertragen, wir haben uns gefreut, wir erleben die Anfechtung von Tod und Sterben, wir sind durchs Leben gegangen, und wenn wir zu Gott so »naiv«, d. h. unmittelbar beten können, ist Gott bei uns, wird er in den Kirchengemeinden wirklich gelebt. Das bedeutet nämlich, Verantwortung für andere zu übernehmen über meine Kleinfamilie hinaus. Hier können wir uns zu Vätern und Müttern, zu Omas und Opas werden und zu partnerschaftlichen Geschwistern in der Gemeindefamilie.

Kinder Gottes sind wir – auf die Frage, warum wir das sind und woher wir das wissen, gibt Paulus die Antwort: Der Geist Gottes selbst ist es, der unserem Geiste sagte, dass wir Kinder Gottes sind. Wir dürfen ganz gewiss sein, dass es so ist, dass wir Kinder Gottes sind. Als Gottes Kinder haben wir die Möglichkeit, uns an ihn zu wenden, als Kinder sind wir aber auch die Erben Gottes. Das ist vergleichbar mit erwachsenen Kindern, die den Besitz, das Vermögen Gottes erben und daraus die Verpflichtung erhalten, das auch verwalten zu müssen.

Wir sind Kinder und Erben Gottes. Ein Erbe kann man nur annehmen oder verweigern. Beides ist aber möglich. Man muss seinem Erbe gegenüber Stellung beziehen. Es kann Last oder Freude sein, Reichtum oder Schulden. Entziehen kann ich mich meinem Erbe nicht. Ich muss mir überlegen, ob ich es annehmen will oder nicht. Diese Erbschaft Gottes umfasst zweierlei: einmal die Aufgabe, die Liebe Gottes so weiterzusagen, wie Jesus es tat, und zweitens die Zusage, dass wir dann auch nach unserem Tod bei Gott sein dürfen, mit an seinem Reich teilhaben. Das Erbe umschließt also Recht und Pflicht. Das Recht, mit Gott zu leben, und die Pflicht, seine Botschaft weiterzusagen, sodass Menschen sie verstehen und auch Kinder Gottes werden können. Diese Erbschaft ist wie eine jede andere Erbschaft auch: einmal mit Verpflichtung verbunden und das andere Mal unverdientes Geschenk. Sie ist beides gleichzeitig.

Wir sind Gottes und Jesu Erben. Als Miterben werden wir, die Kinder Gottes, in die gleiche Reihe mit unserem Bruder Jesus gestellt. Paulus spricht von uns als einem Miterben Jesu. Unsere Aufgabe ist es, die Liebe Gottes, so wie Jesus sie vorlebte, weiterzugeben und weiterzutragen. Es ist schön, wie Paulus uns ermutigt, uns in die gleiche Reihe mit Jesus zu stellen. Miterbe, Bruder, Schwester Jesu sind wir. Das heißt, dass wir auch in sein Leben und Sterben eingebunden sind.

Erben zu sein bedeutet: Beteiligung an Freud und Leid. Das heißt, wir leiden mit ihm und erwarten auch Anteil am Reich Gottes mit ihm zusammen.

Im griechischen Text des Neuen Testamentes heißt das Wort »leiden« »sympathein«. Wenn wir mit ihm leben, mit ihm leiden, »sympathisieren« wir mit ihm. Sympathisieren meint nicht jemanden nett finden, es bedeutet Anteil nehmen am Leben des anderen, d. h. auch mit ihm leiden, wenn der andere leidet. Das Wort »mit ihm leiden« heißt, mit ihm sympathisieren. Aber gerade dieses Wort enthält auch das Ergebnis, wenn wir seine Sache in die Welt tragen, wenn wir mit ihm sympathisieren; nämlich, dass wir auch mitleiden werden, z. B. an den Verhältnissen dieser Welt und daran, dass die Botschaft von der Liebe Gottes viele Menschen nicht erreicht. In unserem deutschen »Mitleiden« wird noch ein anderer Aspekt des Leidens angesprochen, nämlich die Leidenschaft. Die Leidenschaft für die Sache Gottes. Das Leiden daran, dass es auf dieser Welt nicht so ist, wie Gott es will, und dass es unsere Aufgabe ist, uns leidenschaftlich dafür einzusetzen, dass Menschen nicht leiden, Menschen hier so leben können und dürfen, wie Gott es will.

Sich leidenschaftlich für Gott einsetzen, bedeutet, sich hemmungslos für die Welt einzusetzen. Viele bekannte Namen kann man anführen für leidenschaftliches Engagement, von Martin Luther bis Dietrich Bonhoeffer. Aber sich leidenschaftlich für die Sache Gottes einsetzen, kann jeder und jede gerade dort, wo sie leben und arbeiten. Leidenschaftlicher Einsatz für Gott: Vor einigen Jahren begleitete ich eine MS-kranke Frau. Sie lag im Bett und hörte Kassetten und Radio. Mühsam konnte sie mit mir sprechen. Sie wusste, dass sie auch bald nicht mehr sprechen können würde. »Wenn ich gar nichts mehr kann«, sagte sie mir, »so kann ich doch noch das Eine: zu Gott beten, Fürbitte für andere Menschen halten.« Bedingungsloser Einsatz für die Sache Gottes – was das heißt, hatte mir diese Frau vorgelebt.

## Andacht: Thema Tod

Kennen Sie das Märchen vom Gänsehirten? Er wohnt am Fluss und kümmert sich um seine Gänse, wie es seine Aufgabe war. Auf der anderen Seite des Flusses ist das Reich des Todes, dort wohnt der Tod. Tagtäglich sieht er hinüber. Und er erlebt dann auch mit, wenn der Tod herüberkommt auf die andere Flussseite in das Reich der Menschen. Dieser geht zu den Menschen und sagt: »Kommt mit!« Im Gefolge des Todes müssen sie dann über den Fluss ziehen: der Reiche, der von seinen Reichtümern nicht lassen kann, der zetert und schreit. Und: Der junge Mann, der gerade erst geheiratet hat und nicht weg möchte von seiner Liebsten, klagt lauthals sein Leid. Die ältere Frau, der das Leben alles in allem zu wenig war, sie weint.

Eines Tages nun kommt der Tod auch zum Gänsehirt und sagt zu ihm: »Komm mit!« Der Gänsehirt legt seinen Hut, seinen Mantel und seinen Stock ab und folgt dem Tod hinüber auf die andere Seite des Flusses. Er hat keine Angst, denn jeden Tag hat er hinübergeblickt in dieses fremde Land des Todes. Es ist ihm vertraut geworden. Er geht mit, ruhig, ohne zu klagen. Er weiß sich in Gott geborgen.

Der Tod und das Land des Todes waren dem Gänsehirten vertraut. So wird es im Märchen erzählt. Er konnte angstfrei sein Leben lassen und mitgehen, denn das andere Land, das Land des Todes jenseits des Flusses war ihm nicht fremd. Jeden Tag hatte er hinübergesehen, tagtäglich hat er sich damit auseinander gesetzt.

Der Tod ist uns heute fremd geworden. Und doch sind die Gedanken an den Tod so nah. Wir sind ihm nicht so nahe wie der Gänsehirt in der Geschichte. Der Tod findet heute in der Regel im Krankenhaus statt. Dann können die Angehörigen den Tod des anderen oft nicht miterleben, oft wollen sie es auch nicht. Manchmal ist ein Abschiednehmen gar nicht mehr möglich.

Heute bemühen sich Menschen darum zu lernen, Sterbende zu begleiten. Es ist offensichtlich nötig geworden, dass wir dieses verschüttete Wissen wieder neu entdecken und für uns fruchtbar machen, erleben, dass es unsere Aufgabe ist, als Lebende die Sterbenden zu begleiten. Nur so werden wir den Tod als zum Leben gehörend begreifen.

Tod und Leben gehören zusammen. Die Menschen, die wie meine Großmutter um den Ersten Weltkrieg herum lebten, wussten noch, dass Tod und Leben zusammengehören. In Ostpreußen zum Beispiel war es üblich, Kinder, die in eine Großfamilie hinein geboren wurden, über dem Sarg zu taufen, wenn in der Zeit, als die Taufe anstand, einer aus der Familie starb. Die Taufe wurde vom Pfarrer während der Beerdigung über dem Sarg vollzogen: Tod und Leben gehören zusammen. An diesem Ritual kann man das sinnbildlich sehen. In einem Gesangbuchlied heißt es: »Mitten wir im Leben sind, mit dem Tod umfangen.«

Wir haben das Wissen, dass der Tod zum Leben gehört, verloren. Uns ist heute nicht mehr klar, dass wir mitten im Leben vom Tod umfangen sind. Der Tod, so scheint es, findet woanders statt, außerhalb unseres Lebens, in bestimmten, dafür gedachten Räumen. Zum Beispiel im Krankenhaus oder im Hospiz. Weil der Tod nicht mehr zu unserem Leben zu gehören scheint, wird die Angst vor dem Sterben bei uns größer. Je weniger wir den Tod als zum Leben gehörig betrachten, desto größer wird die Angst vor ihm.

Angst vor dem Tod stiehlt Lebenszeit. Die Angst vor dem Sterben, vor dem Tod, verhindert, dass Menschen ihr Leben wirklich leben können. Und die Angst vor dem Tod entsteht dadurch, dass wir den Tod aus unserem Leben ausgegliedert haben. »Wenn die Menschen wüssten, was der Tod ist, hätten sie keine Angst vor ihm, wenn sie keine Angst vor ihm hätten, könnte ihnen niemand mehr die Lebenszeit stehlen.« So sagt es Momo in Michael Endes gleichlautender Erzählung. Es geht darum, den Tod als zum Leben gehörig zu akzeptieren. Die Angst vor dem Tod kann uns nämlich Lebenszeit stehlen. Sie verhindert, dass man unbeschwert lebt. Die Angst lähmt. Dadurch kann es vieles in unserem Leben geben, was ungelebt bleibt, in dem viele Möglichkeiten eines Menschen nicht gelebt wurden, obwohl sie da waren.

Ein solcher Mensch, bei dem vieles ungelebt blieb, ähnelt den Menschen aus dem Gleichnis mit den Talenten. Jesus erzählt von einem Gutsbesitzer, der seinen Knechten Säcke mit Talenten, das heißt mit Geld, anvertraut, weil er verreisen muss. Der eine bekommt einen Sack und vergräbt diesen Sack mit Geld auf einem Acker, der andere bekommt drei Säcke. Er geht hin und lässt das Geld arbeiten, und er bekommt das Doppelte. Derjenige, der die meisten Säcke mit Geld bekommen hat, verdreifacht gar sein Vermögen. Als der Gutsbesitzer zurückkommt und nach dem in Obhut gegebenen Geld fragt, müssen alle Rechnung ablegen, was sie mit den Geldsäcken gemacht haben. Gelobt wird vom Gutsbesitzer der, der viel aus dem gemacht hat, was er bekommen hat.

Wir haben die Chance unsere, vielleicht kann man es so sagen, »Lebenshausaufgaben« zu machen. Gott hat uns Menschen viele Möglichkeiten und Fähigkeiten, Talente mitgegeben. Ich meine, wir haben die Verpflichtung, aus dieser Mitgift etwas zu machen. Wer seine Anlagen nicht entwickelt, läuft Gefahr, ein nicht gelebtes Leben zu leben. So bleibt vieles ungelebt. Wie soll man da vom Leben lassen können, Abschied nehmen und eines Tages sterben.

Sterben können hat mit leben können zu tun. Gelebt zu haben bedeutet, Fähigkeiten zu entwickeln, die uns mitgegeben sind, genossen, geliebt und gelitten zu haben. Auch wenn man sich um gelebtes und gereiftes Leben bemüht hat, bleibt ein Rest. Wie vieles bin ich schuldig geblieben im Leben: mir selbst, meinen Anlagen gegenüber, anderen gegenüber, die mich brauchten und ich sah es nicht, der Welt gegenüber, die auf meinen Einsatz gewartet hat. Viel Ungelungenes, Bruchstückhaftes gibt es in jedem Leben. Schuld, die nicht zu tilgen ist, von der mich kein Mensch freisprechen kann.

Gott macht neu: »Und ich sah einen neuen Himmel und eine neue Erde; denn der erste Himmel und die erste Erde sind vergangen, und das Meer ist nicht mehr. Und ich sah die heilige Stadt, das neue Jerusalem, von Gott aus dem Himmel herabkommen, bereitet wie eine geschmückte Braut für ihren Mann. Und ich hörte eine große Stimme von dem Thron her, die sprach: Siehe da, die Hütte Gottes bei den Menschen! Und er wird bei ihnen wohnen, und sie werden sein Volk sein, und er selbst, Gott mit ihnen, wird ihr Gott sein; und Gott wird abwischen alle Tränen von ihren Augen, und der Tod wird nicht mehr sein, noch Leid noch Geschrei noch Schmerz wird mehr sein; denn das Erste ist vergangen. Und der auf dem Thron saß, sprach: Siehe, ich mache alles neu! Ich bin das A und das O, der Anfang und das Ende. Ich will dem Durstigen geben von der Quelle des lebendigen Wassers umsonst. Wer überwindet, der wird es alles erben, und ich werde sein Gott sein, und er wird mein Sohn sein.«

So heißt es in der Offenbarung des Johannes (21,1.2.3b-6a.7b).

Neu wird es sein, mein Leben, ganz und heil – das jubelt dieser herrliche Text mir entgegen. Meine Trauer, mein Versagen, meine Angst und meine Schuld darf ich in Gottes Hände legen – er macht mein Leben neu, ganz und heil, wenn ich darum bitte und am Ende aller Zeiten. Mit dieser jubilierenden Zuversicht kann ich leben – denn ich weiß, auch im Tod bin ich aufgehoben bei Gott. Er ist meine Zukunft. Er wird mir alles in allem sein, A bis Z, Anfang und Ende. Eine herrliche Vision! Eine Vision, die keine reine Schau, kein Traum bleibt, denn wenn ich dieses Bild, das mir Hoffnung vermittelt, in mein Leben mit hineinnehme, dann wirkt diese Vision schon heute in meinem Leben.

Gott ist da, im Leben und im Sterben. Gott ist bei mir, ich bin geborgen bei ihm. Diese Vision befreit mich zum wirklichen Leben, heute, hier und jetzt. Eine Vision, ein Traum befreit, da kann man fragen, wie geht denn das? Ich denke, Menschen brauchen Utopien zum Leben. Utopien erhalten Leben, schaffen Zukunft.

Der Psychiater Viktor E. Frankl berichtet aus seinem Leben in einem kleinen Buch mit dem Titel: »Trotzdem Ja zum Leben sagen«. Er hat die Zeit des Nationalsozialismus in Deutschland als Jude unter extremen Bedingungen, unter anderem im KZ, miterlebt. Er beschreibt, was ihm dort zum Leben blieb: gar nichts, nur sein schmutziger, dreckiger Körper, der nachts auf dem harten Lager und wegen des Ungeziefers keine Ruhe findet und tagsüber durch Schwerstarbeit geplagt wird. Nichts hat er mehr, auf nichts kann er sich verlassen; und trotzdem gibt er nicht auf. Er beschreibt, wie andere Kameraden sich daran festhalten, dass in wenigen Wochen Weihnachten sein wird, und dass sie an Weihnachten freigelassen werden. Es ist eine Idee, ein Gedanke, der sich in ihren Köpfen festsetzt. Als Weihnachten nahte und als die Feiertage dann da waren, sich aber nichts an der Situation im Lager änderte, starben viele seiner Kameraden. Er führte das darauf zurück, dass sie ihre ganze Kraft auf dieses fiktive Datum gerichtet hatten, und diese Kraft erlosch mit Weihnachten. Sie haben sich Illusionen gemacht. Frankl sah in dieser Zeit vor sich, wie er in seinem Beruf als Psychiater weiterarbeitete und in großen Sälen Vorträge hielt. Ja, sein Geist wanderte in diese Welt der Zukunft und er hatte das Gefühl, dies sei schon Wirklichkeit. Seine Vision war nicht abhängig von einem Zeitpunkt. Dieser Mann behauptet, dass diese Utopie ihn am Leben erhalten hat. Menschen brauchen Visionen, Utopien zum Leben. Die Kraft des menschlichen Geistes ist es, die diese Utopie trägt. Und für Frankl ist der menschliche Geist nicht losgelöst von Gott zu verstehen.

Die Vision aus der Offenbarung, dass Gott uns einen neuen Himmel und eine neue Erde verspricht, dass er bei uns wohnen wird, dass er abwischen wird alle Tränen und dass Tod, Leid und Schmerz nicht mehr sein werden, diese Vision hilft mir *jetzt* zu leben. Der Sorge um die Zukunft bin ich enthoben. Wenn ich lebe, so wie ein Kind spielt, alles um mich herum vergesse und in jedem Augenblick nur das tue, was in meinem Leben gerade dran ist, ich denke, dann lebe ich richtig. Mich ganz vergessen können bei den Aufgaben des Tages, die vor mir liegen, das ist intensiv gelebtes Leben. Das tun, was vor meinen Füßen liegt.

Woher weiß ich aber, welche Aufgaben ich für den Tag habe, was Gott von mir will? Ich glaube, die Antwort darauf kommt von selbst, wenn ich befreit worden bin, diese Frage zu stellen, wenn ich nicht um meine Zukunft nach diesem Leben bangen muss, wenn ich mein Dasein nicht mit Gütern schützen muss. Dann kann ich jeden Tag fragen, wo werde ich heute am nötigsten gebraucht, was von diesen Dingen, die ich tun wollte, kann ich sein lassen, weil ein anderer mich braucht. Der andere Mensch, der mich braucht, geht vor, nicht die Pflicht im Haushalt oder im Beruf.

Die orthodoxe Kirche kennt die Ikonen. Es sind wunderbare Bilder mit einem goldenen Hintergrund; vor diesem goldenen Hintergrund sind Heilige oder biblische Gestalten dargestellt. Die Ikone ist so etwas wie das Fenster zum Himmel. Sie verbindet Mensch und Gott. So symbolisiert das Gold im Hintergrund des Bildes das neue Leben, von dem die Offenbarung spricht. So wie dieser Goldgrund zur Ikone gehört, gehört dieses neue Leben, dieses ewige Leben, auch zu unserem Leben heute schon dazu. Es scheint durch das »Fenster des Himmels« in unser Dasein hinein. Wenn das neue, das ewige Leben so in mein Leben hineinscheint, entlastet es mich von jeder Zukunftssicherung. Es gibt meinem Leben aber auch Ernsthaftigkeit. Jeden Augenblick trage ich vor Gott Verantwortung, mich zu bemühen, in meinem Leben recht und richtig zu handeln.

Vielleicht könnte man auf die Idee kommen, dann im Leben eigentlich gar nichts mehr zu tun. Denn es erscheint als schwere Bürde, sich in jedem Augenblick der Ernsthaftigkeit des Anspruchs Gottes klar zu werden, das heißt, richtig und verantwortungsbewusst zu handeln. Das wäre aber sicher der falsche Schluss. Eine alte jüdische Legende erzählt von einem Traum, in dem ein Mensch folgendes Erlebnis hatte: Er erschien vor dem Gericht des Herrn und sprach: »Siehe Herr, ich habe dein Gesetz beachtet, habe nichts Unrechtes, Böses oder Frevelhaftes getan. Herr, meine Hände sind rein.« Gott antwortete: »Ohne Zweifel, aber sie sind auch leer.« Aus diesem Traum wird deutlich, dass wir durchaus auch beim Nichtstun schuldig werden, wenn wir Dinge zulassen, die nicht richtig sind und wenn wir das Notwendige unterlassen. Unser verantwortungsbewusstes und befreites Handeln ist gefragt. Es entspringt daraus, dass Gottes Ewigkeit schon in unsere Zeit eingebrochen ist, so wie das auf den Ikonen dargestellt wird. Die Ewigkeit Gottes ist wie das Gold im Hintergrund der Ikone bereits da, verbindet Gott und Mensch.

Als Christinnen und Christen ist unser Engagement, unsere Parteilichkeit in der Welt gefordert. Wir sind gefragt nach unserer Einstellung, nach unserem Glauben, nach unserem Leben. Hier müssen wir Antwort geben und handeln. Alles Handeln birgt in sich, dass wir Fehler machen. Das müssen wir in Kauf nehmen, meine ich. Schuldig werden gehört zum Leben dazu. Und für all das, was wir falsch machen im Leben, erhoffen wir von Gott Vergebung. Christinnen und Christen sind Menschen in der Welt, die sich nicht absichern müssen, die sich nicht Gedanken machen müssen darüber, was nach ihrem Tod folgt. Sie kennen, wie der Gänsehirt, in gewisser Weise das Land des Todes. Denn sie wissen, dass sie sich nicht zu ängstigen brauchen. Sie wissen, sie sind im Leben wie im Sterben in Gott geborgen. Aus dieser Sicherheit heraus können sie sich frei engagieren in dieser Welt, Stellung beziehen dort, wo keiner sich traut, das zu tun, was nötig ist.

## Aufgabenfelder für Ältere

Dem heute alt werdenden Menschen sind durch die längere Lebenserwartung wichtige Aufgaben gestellt. Nach dem Eintritt in den Ruhestand hat der Mensch damit zu rechnen, dass er evtl. noch 30 Jahre zu gestalten hat.

Eine wichtige Aufgabe in dieser Zeit ist es, den jungen Menschen vorzuleben, dass sich »Altwerden lohnt«, dass es Freude machen kann. Altern enthält die Vorbildfunktion, den Jungen vorzuleben, dass Altwerden Sinn macht. Dabei ist die Haltung, *wie* der Ältere sein Leben, sein Altern lebt, entscheidend, denn das wird die kommende Generation prägen.

Kirchengemeinden haben den Auftrag, Aufgaben- und Betätigungsfelder für ältere Menschen bereitzuhalten oder zu ermöglichen. Ein aktives Zugehen auf die Älteren ist nötig (siehe Seite 89ff.). Was wollen die Älteren tun, was wollen sie einbringen? Das kann die Zielfrage sein. In zweiter Linie kann es erst darum gehen, was in der Kirchengemeinde noch zu tun ist oder was gemacht werden muss. Der individuelle Auftrag des Älteren an der Gemeinschaft und an der Gesellschaft ist zu beachten und hat Vorrang, und den kennt nur er selbst. Kirchengemeinden würden auf diese Weise »Ermöglicher« für die Verantwortungsübernahme Älterer. Indem alte Menschen ihre Mitverantwortung für die Zukunft übernehmen, werden neue Altersbilder geschaffen, die ihrerseits gesellschaftsprägend wirken. Der alte Mensch von heute ist körperlich in der Regel fit, hat Lebens- und Berufserfahrung, ist unersetzlich für die Gesellschaft. Inzwischen entdecken Firmen mit viel Aufwand, dass sie das Know-How der Älteren nicht nur im fachlichen Bereich benötigen, sondern auch im zwischenmenschlichen Bereich. In der Stadt, in der ich lebe, ist ein 68-jähriger Theaterintendant auf die vakante Stelle gesetzt worden – auf ihm und seinen Möglichkeiten ruhen Hoffnungen in der Stadt.

Gleichzeitig ist es nötig, am »Ball der Jugend« zu bleiben. Wie sieht ihre Arbeitswelt aus, wie sehen Beziehungen heute aus und wie gestalten sie sich heute? Es ist hilfreich, wenn es institutionalisierte Gruppen oder Kreise in den Kirchengemeinden gibt, die generationsübergreifende Abende zu den entsprechenden Themen anbieten. Das kann auch in Form von Stammtischen oder anderen Organisationsformen geschehen. So helfen Großmütter- oder Großväterstammtische, die »Jugend von heute« und z. B. die veränderte Erziehung zu verstehen. Dass Jugendliche sich piercen lassen wollen, ist nur eins von vielen möglichen und wichtigen Themen, um am »Puls der Zukunft« zu bleiben. Am Stammtisch können die unterschiedlichen Meinungen ausgetauscht und korrigiert werden. Auch der evtl. auftretende Generationenneid: »Den Jungen geht es heute viel besser als uns damals«, hat hier seinen Ort, kann thematisiert und bearbeitet werden.

Zukunftsgestaltung ist eine Aufgabe für alte und junge Menschen. Das Ende der Berufstätigkeit mit 65 Jahren und das häufige »Verschwinden« der Älteren aus der Verantwortung war dazu nicht unbedingt dienlich. In einer Welt, in der es sehr viele alte Menschen gibt, ist es nicht gut, Ältere zu früh aus der Verantwortung für die Gesellschaft zu entlassen. Das meint nicht, dass die Berufstätigkeit verlängert werden soll, aber die magische Grenze 65 hat Folgen gehabt. So haben auch viele ehrenamtliche Dienste eine Altersbegrenzung eingeführt. Zum Beispiel durfte man in vielen Bereichen nach dem 70. Lebensjahr sich nicht mehr ehrenamtlich betätigen, wie z. B. Kinderschutzbund oder Telefonseelsorge. Eine berechtigte Befürchtung steckt dahinter, nämlich, dass da ein älterer Mensch fort- und weitergebildet wird und niemand weiß, wie lange er sich und sein erworbenes Wissen für die Organisationen einbringen kann. Aber das kann heute durchaus lange sein! Vielleicht war es ein nötiger Zwischenschritt, um Jüngere zum Zuge kommen zu lassen. Der Verständigung unter den Generationen hat die Ausgrenzung der Älteren aber nicht gedient.

Die Bremer Stadtmusikanten aus dem bekannten Märchen der Gebrüder Grimm sind ein Sinnbild für die Gemeinschaft im Alter. Alte Tiere, die vom Gnadenbrot leben oder denen die Tötung bevorsteht, tun sich zusammen und zeigen, dass alte Tiere in der Gemeinschaft stark sein und ihr Leben noch gestalten können. Das Zusammenfinden in Schicksalsgemeinschaften lässt alle das Alter besser gestalten.

Wohngemeinschaften für ältere Frauen oder generationsübergreifende Wohnanlagen sind Modelle, die es gibt, die sich bewährt haben und die aus meiner Sicht die Modelle der Zukunft sind. Im Mittelalter gab es die Beginenbewegung. Frauen schlossen sich außerhalb der Klöster zusammen und lebten zum Teil in Wohngemeinschaften, Beginenhöfen, zusammen. Ihr Leben war geprägt von Gemeinschaft, Regeln und Frömmigkeit. Der Zusammenschluss der Frauen hatte religiösen Charakter, war aber häufig bestimmt vom Wunsch nach Unabhängigkeit. Sie sorgten füreinander, indem das Einkommen der Einzelnen bzw. das, was erwirtschaftet wurde, allen zugute kam. Wirtschaftliche und soziale Gründe wie der Wunsch nach Selbstständigkeit forcierten diese Beginenbewegung, die vor allem in den Städten Fuß fasste. Solche Wohngemeinschaften können evtl. mit Hilfe der Infrastruktur der

Kirchengemeinden ermöglicht werden. Soziale und wirtschaftliche Absicherung ist möglich, wichtig ist aber auch, dass es darüber hinaus noch etwas Verbindendes unter den Bewohnern gibt, sei es die Frömmigkeit oder einen bestimmten persönlichen Frömmigkeitsstil.

Im Bereich der Kirchengemeinde ist es möglich, so etwas wie Selbsthilfegruppen für spezielle Probleme oder Fragen zu bilden, die vielleicht nur zeitweise vonnöten sind und begrenzt existieren. Oft sind es die Älteren, die etwa mit 60 ihre alten Eltern pflegen wollen. In diesen Fällen können Gruppen für pflegende Angehörige sinnvoll sein.

Wie wäre es mit Freizeiten, in denen Großeltern mit ihren Enkeln und Ältere, die keine Enkel haben, und Kinder, die keine Großeltern haben, gemeinsam mitfahren? Die Urlaubswoche wird zusammen geplant und durchführt.

In einigen konfessionellen Kindergärten ist es schon Tradition, dass jede Gruppe eine »Gruppenoma« oder einen »Gruppenopa« hat. Diese Personen halten Kontakt zur Gruppe, besuchen sie, werden zu Kindergartenfesten eingeladen, die Kinder wiederum besuchen Oma oder Opa zum Geburtstag. Ein intergenerativer Austausch wird möglich.

Ein bewährter Weg, das Alter zu gestalten – und nicht nur das Alter, sondern überhaupt die Verantwortungsübernahme in der Gesellschaft, ist der Aufbau einer Infrastruktur für Freiwilligenarbeit, eine Ehrenamtsbörse oder Freiwilligenagentur (Informationen Dr. Heiderose Gärtner, Ehrenamtsbörse VEhRA, info@vehra-lu.de). Ein Überblick über kirchliche und nicht kirchliche Engagementfelder wird möglich. Jeder, der sich engagieren will, kann das Aufgabenfeld finden, in dem er gebraucht wird, kann »sein Ehrenamt« finden. Gerade auch der Aufbau und die Aufrechterhaltung einer Agentur kann von Älteren übernommen werden.

Charlie Rivel, der spanische Clown und Artist, meinte: »Das Leben ist die Entwicklung vom jugendlichen Helden zum komischen Alten.« Wenn Charlie Rivel als Clown das sagt, so ist die Rede vom »komischen Alten« als Kompliment gemeint. »Komisch« zu sein ist ein sehr ernsthaftes und anstrengendes Geschäft. Und trotzdem möchte ich des »Spaßes halber« den Satz verändern: Das Leben ist die Entwicklung vom komischen Jugendlichen zum alten Helden. Oder: Das Leben ist die Entwicklung vom komischen Helden zum jungen Alten oder … Sie werden es selbst entscheiden, je nachdem, wie Sie Ihr Alter leben!

Felizitas Muntanjohl
Ich will euch tragen bis zum Alter hin
Gottesdienste, Rituale und Besuche in Pflegeheimen
GÜTERSLOHER VERLAGSHAUS